Quod Enigma

Barmer Theologische Erklärung

Quod Enigma

Barmer Theologische Erklärung

Bekenntnissynode in Barmen vom 31. Mai 1934

Fromm Verlag

Imprint

Cover image: www.ingimage.com

Publisher:
Fromm Verlag
is a trademark of
International Book Market Service Ltd., member of OmniScriptum Publishing Group
17 Meldrum Street, Beau Bassin 71504, Mauritius
Printed at: see last page
ISBN: 978-613-8-36983-7

Inhaltsverzeichnis:

I. Einstieg:

Barmer theologische Erklärung[1]

Am 29. Mai 1934 trafen sich in Barmen Vertreter der deutschen evangelischen Kirche. Bei dieser so genannten Synode wurde die Barmer Theologische Erklärung verabschiedet. Noch heute fasst diese Erklärung wichtige Grundsätze des evangelischen Glaubens zusammen. Mit diesen Grundsätzen richteten sich die Vertreter der Bekennenden Kirche gegen die uneingeschränkten Machtansprüche des NS-Staates und Hitlers über die Kirche.

Glaubensbewegung Deutscher Christen

Unter diesem Namen trug eine Bewegung das NS-Gedankengut in die Kirchen hinein. Dabei wurde die Bibel so ausgelegt, dass alles mit der NS-Ideologie übereinstimmte. So sollten auch die jüdischen Wurzeln des christlichen Glaubens verschwiegen werden. Stattdessen gab es nun einen artgemäßen deutschen Glauben, der die Rasse, die Nation und das Volk der Deutschen verherrlichte. Es wurde Rassenreinheit als Bedingung für die Mitgliedschaft in einer Kirche verlangt. Statt sich um Schwache zu kümmern, sollten die Starken und Gesunden gefördert werden. Hitler wurde wie ein Messias verehrt und den Christen wurde ein absoluter Gehorsam gegenüber dem Führer und seiner Partei abverlangt. Doch bald regte sich innerhalb der evangelischen Kirche starker Widerstand gegen diese Art der Glaubensauslegung.

---

[1] Vgl. https://www.wasistwas.de/archiv-geschichte-details/barmer-theologische-erklaerung.html

Die Bekennende Kirche

Einer der bald merkte, wie die Deutschen Christen die Gemeinden und Kirchen zu ihren Zwecken missbrauchen wollten, war Pfarrer Martin Niemöller. Er stellte sich gegen diese Gruppierung und gründete 1933 den Pfarrernotbund. Er unterstützte vom NS-Regime verfolgte Pfarrer, bekämpfte das arische Reinheitsideal. Er sah sich und die Gläubigen nur der Bibel und dem christlichen Bekenntnis verpflichtet. Deshalb nennt man die Teile der evangelischen Kirche, die sich gegen die Lehre der Deutschen Christen und gegen das NS-Regime stellten auch Bekennende Kirche.

Die Bekenntnissynode in Barmen

Unter einer Synode versteht man das Zusammentreffen wichtiger Kirchenvertreter, die über wichtige kirchliche Grundsätze beraten und den weiteren Weg verabschieden. Am 29. Mai 1934 trafen sich solche Vertreter der Deutschen Evangelischen Kirche (DEK), 139 Männer und Frauen, in Barmen - heute ein Stadtteil von Wuppertal. Dort wurden sechs Thesen, auch als evangelische Wahrheiten bezeichnet, verabschiedet, die sich gegen die Lehre der Deutschen Christen wandten und verdeutlichen sollten, was den evangelischen Glauben wirklich ausmacht.

Die sechs Thesen

Jede beginnt mit einem biblischen Zitat. Dann folgt ein Bekenntnissatz und eine Ablehnung der falschen Ansichten der Deutschen Christen. In der ersten These wird ausdrücklich anerkannt, dass Gott nur durch Jesus Christus zu uns spricht.

Gottes Wort kann also keiner anderen Quelle entstammen. Nur Gottes Offenbarung gilt als christliche Lebensordnung und nicht andere Mächte (NS-Regime), Ereignisse oder Personen (Hitler).

Die zweite These erklärt, dass Christen nur einen Herren haben können und das ist Jesus Christus. Die Thesen drei, vier und sechs machen die Folgen dieser Grundsätze für die Kirche deutlich. Zum Beispiel darf sich die Kirche nicht in den Dienst einer politischen Macht oder eines Herrschers bestimmen lassen. In der 5. These wird betont, dass es keinen blinden Gehorsam von Christen gegenüber dem Staat geben kann. Die Kirche und ihre Vertreter müssen den Staat und die Machthaber immer wieder an ihre Verantwortung gegenüber allen Menschen erinnern.

Mit diesen Thesen hatten evangelische Pfarrer und Christen eine Grundlage, auf die sie sich bei ihrer Arbeit berufen konnten. Das änderte allerdings nichts daran, dass gerade Pfarrer, die sich dem NS-Staat widersetzten in Konzentrationslager gebracht wurden, so auch Martin Niem[ö]ller oder Dietrich Bonhoeffer, der noch 1945 im KZ Flossenbürg hingerichtet wird.

Nach dem Krieg wurden diese Thesen von einigen Landeskirchen in ihre Grundordnung übernommen. Sie gelten noch heute als ein Maßstab für das Handeln evangelischer Christen.

II. Einführung[2]:

Die Theologische Erklärung der Bekenntnissynode in Barmen vom 31. Mai 1934 ist die zentrale theologische Äußerung der Bekennenden Kirche unter der nationalsozialistischen Herrschaft 1933-1945. Sie richtete sich gegen die falsche Theologie und das Kirchenregime der so genannten „Deutschen Christen", die damit begonnen hatten, die evangelische Kirche der Diktatur des „Führers" anzugleichen.

Die Skulptur in der Fußgängerzone in Wuppertal-Barmen erinnert an die „Barmer Erklärung", die am 31. Mai 1934 in der Gemarker Kirche in Barmen unterzeichnet wurde.

Die Evangelische Kirche in Deutschland (EKD) bestätigt in Artikel 1 (3) ihrer Grundordnung mit ihren Gliedkirchen die von dieser

[2] Vgl. https://www.ekd.de/Barmer-Theologische-Erklarung-11292.htm

Bekenntnissynode getroffenen Entscheidungen. Ganz überwiegend betrachten die Gliedkirchen der EKD die Barmer Theologische Erklärung als wegweisendes Lehr- und Glaubenszeugnis. Die unierten Landeskirchen Baden, Berlin-Brandenburg-schlesische Oberlausitz, Hessen und Nassau, Lippe, Pfalz, Rheinland, Westfalen und Oldenburg nehmen in ihren Grundordnungen Bezug auf sie. Die lutherischen Kirchen von Sachsen, Mitteldeutschland und Bayern haben die Barmer Theologische Erklärung in ihre Verfassung aufgenommen, in Hannover wird dieser Schritt vorbereitet.

Einige Kirchen stellen die Barmer Theologische Erklärung als Bekenntnisgrundlage in eine Reihe mit den Texten der Bibel und den Bekenntnisschriften der Reformation, so die Reformierte Kirche und die Nordkirche. In einigen Landeskirchen, etwa in der Evangelischen Kirche im Rheinland, werden Pfarrerinnen und Pfarrer bei der Ordination auf die Barmer Erklärung verpflichtet.

Auch für zahlreiche Kirchen aus der evangelischen Ökumene wurde die Barmer Theologische Erklärung eine maßgebliche Orientierung für ihr eigenes Bekennen, Lehren und Widerstehen.

III. Präambel[3]:

Die Deutsche Evangelische Kirche ist nach den Eingangsworten ihrer Verfassung vom 11. Juli 1933 ein Bund der aus der Reformation erwachsenen, gleichberechtigt nebeneinander stehenden Bekenntniskirchen. Die theologische Voraussetzung der Vereinigung dieser Kirchen ist in Art. 1 und Art. 2,1 der von der Reichsregierung am 14. Juli 1933 anerkannten Verfassung der Deutschen Evangelischen Kirche angegeben:

Art. 1: Die unantastbare Grundlage der Deutschen Evangelischen Kirche ist das Evangelium von Jesus Christus, wie es uns in der Heiligen Schrift bezeugt und in den Bekenntnissen der Reformation neu ans Licht getreten ist. Hierdurch werden die Vollmachten, deren die Kirche für ihre Sendung bedarf, bestimmt und begrenzt.

Art. 2: Die Deutsche Evangelische Kirche gliedert sich in Kirchen (Landeskirchen).

Wir, die zur Bekenntnissynode der Deutschen Evangelischen Kirche vereinigten Vertreter lutherischer, reformierter und unierter Kirchen, freier Synoden, Kirchentage und Gemeindekreise erklären, dass wir gemeinsam auf dem Boden der Deutschen Evangelischen Kirche als eines Bundes der deutschen Bekenntniskirchen stehen. Uns fügt dabei zusammen das Bekenntnis zu dem einen Herrn der einen, heiligen, allgemeinen und apostolischen Kirche.

---

[3] Vgl. https://www.ekd.de/11295.htm

Wir erklären vor der Öffentlichkeit aller evangelischen Kirchen Deutschlands, dass die Gemeinsamkeit dieses Bekenntnisses und damit auch die Einheit der Deutschen Evangelischen Kirche aufs schwerste gefährdet ist. Sie ist bedroht durch die in dem ersten Jahr des Bestehens der Deutschen Evangelischen Kirche mehr und mehr sichtbar gewordene Lehr- und Handlungsweise der herrschenden Kirchenpartei der Deutschen Christen und des von ihr getragenen Kirchenregimentes. Diese Bedrohung besteht darin, dass die theologische Voraussetzung, in der die Deutsche Evangelische Kirche vereinigt ist, sowohl seitens der Führer und Sprecher der Deutschen Christen als auch seitens des Kirchenregimentes dauernd und grundsätzlich durch fremde Voraussetzungen durchkreuzt und unwirksam gemacht wird. Bei deren Geltung hört die Kirche nach allen bei uns in Kraft stehenden Bekenntnissen auf, Kirche zu sein. Bei deren Geltung wird also auch die Deutsche Evangelische Kirche als Bund der Bekenntniskirchen innerlich unmöglich.

Gemeinsam dürfen und müssen wir als Glieder lutherischer, reformierter und unierter Kirchen heute in dieser Sache reden. Gerade weil wir unseren verschiedenen Bekenntnissen treu sein und bleiben wollen, dürfen wir nicht schweigen, da wir glauben, dass uns in einer Zeit gemeinsamer Not und Anfechtung ein gemeinsames Wort in den Mund gelegt ist. Wir befehlen es Gott, was dies für das Verhältnis der Bekenntniskirchen untereinander bedeuten mag.

Wir bekennen uns angesichts der die Kirche verwüstenden und damit auch die Einheit der Deutschen Evangelischen Kirche sprengenden Irrtümer der Deutschen Christen und der gegenwärtigen Reichskirchenregierung zu folgenden evangelischen Wahrheiten:

IV. Thesen[4]:

I. *Jesus Christus spricht: Ich bin der Weg und die Wahrheit und das Leben; niemand kommt zum Vater denn durch mich. (Joh. 14, 6)*

Wahrlich, wahrlich, ich sage euch: Wer nicht zur Tür hineingeht in den Schafstall, sondern steigt anderswo hinein, der ist ein Dieb und Räuber. Ich bin die Tür; wenn jemand durch mich hineingeht, wird er selig werden. (Joh 10,1.9)

Jesus Christus, wie er uns in der Heiligen Schrift bezeugt wird, ist das eine Wort Gottes, das wir zu hören, dem wir im Leben und im Sterben zu vertrauen und zu gehorchen haben.

Wir verwerfen die falsche Lehre, als könne und müsse die Kirche als Quelle ihrer Verkündigung außer und neben diesem einen Worte Gottes auch noch andere Ereignisse und Mächte, Gestalten und Wahrheiten als Gottes Offenbarung anerkennen.

II. *Durch Gott seid ihr in Christus Jesus, der uns von Gott gemacht ist zur Weisheit und zur Gerechtigkeit und zur Heiligung und zur Erlösung. (1. Kor 1,30)*

Wie Jesus Christus Gottes Zuspruch der Vergebung aller unserer Sünden ist, so und mit gleichem Ernst ist er auch Gottes kräftiger Anspruch auf unser ganzes Leben; durch ihn widerfährt uns frohe Befreiung aus den gottlosen Bindungen

---

[4] Vgl. https://www.ekd.de/Barmer-Theologische-Erklarung-Thesen-11296.htm bzw. https://www.theology.de/kirche/texte/barmertheologischeerklaerung.php

dieser Welt zu freiem, dankbarem Dienst an seinen Geschöpfen.

Wir verwerfen die falsche Lehre, als gebe es Bereiche unseres Lebens, in denen wir nicht Jesus Christus, sondern anderen Herren zu eigen wären, Bereiche, in denen wir nicht der Rechtfertigung und Heiligung durch ihn bedürften.

III. *Lasst uns aber wahrhaftig sein in der Liebe und wachsen in allen Stücken zu dem hin, der das Haupt ist, Christus, von dem aus der ganze Leib zusammengefügt ist. (Eph 4, l5. 16)*

Die christliche Kirche ist die Gemeinde von Brüdern, in der Jesus Christus in Wort und Sakrament durch den Heiligen Geist als der Herr gegenwärtig handelt. Sie hat mit ihrem Glauben wie mit ihrem Gehorsam, mit ihrer Botschaft wie mit ihrer Ordnung mitten in der Welt der Sünde als die Kirche der begnadigten Sünder zu bezeugen, dass sie allein sein Eigentum ist, allein von seinem Trost und von seiner Weisung in Erwartung seiner Erscheinung lebt und leben möchte.

Wir verwerfen die falsche Lehre, als dürfe die Kirche die Gestalt ihrer Botschaft und ihrer Ordnung ihrem Belieben oder dem Wechsel der jeweils herrschenden weltanschaulichen und politischen Überzeugungen überlassen.

IV. *Jesus Christus spricht: Ihr wisst, dass die Herrscher ihre Völker niederhalten und die Mächtigen ihnen Gewalt antun. So soll es nicht sein unter euch; sondern wer unter euch groß sein will, der sei euer Diener. (Mt 20, 25.26)*

Die verschiedenen Ämter in der Kirche begründen keine Herrschaft der einen über die anderen, sondern die Ausübung des der ganzen Gemeinde anvertrauten und befohlenen Dienstes.

Wir verwerfen die falsche Lehre, als könne und dürfe sich die Kirche abseits von diesem Dienst besondere, mit Herrschaftsbefugnissen ausgestattete Führer geben und geben lassen.

V. *Fürchtet Gott, ehrt den König. (1. Petr 2,17)*

Die Schrift sagt uns, dass der Staat nach göttlicher Anordnung die Aufgabe hat in der noch nicht erlösten Welt, in der auch die Kirche steht, nach dem Maß menschlicher Einsicht und menschlichen Vermögens unter Androhung und Ausübung von Gewalt für Recht und Frieden zu sorgen. Die Kirche erkennt in Dank und Ehrfurcht gegen Gott die Wohltat dieser seiner Anordnung an. Sie erinnert an Gottes Reich, an Gottes Gebot und Gerechtigkeit und damit an die Verantwortung der Regierenden und Regierten. Sie vertraut und gehorcht der Kraft des Wortes, durch das Gott alle Dinge trägt.

Wir verwerfen die falsche Lehre, als solle und könne der Staat über seinen besonderen Auftrag hinaus die einzige und totale Ordnung menschlichen Lebens werden und also auch die Bestimmung der Kirche erfüllen. Wir verwerfen die falsche Lehre, als solle und könne sich die Kirche über ihren besonderen Auftrag hinaus staatliche Art, staatliche Aufgaben und staatliche Würde aneignen und damit selbst zu einem Organ des Staates werden.

VI. *Jesus Christus spricht: Siehe, ich bin bei euch alle Tage bis an der Welt Ende. (Mt 28,20) Gottes Wort ist nicht gebunden. (2. Tim 2,9)*

Der Auftrag der Kirche, in welchem ihre Freiheit gründet, besteht darin, an Christi Statt und also im Dienst seines eigenen Wortes und Werkes durch Predigt und Sakrament die Botschaft von der freien Gnade Gottes auszurichten an alles Volk. Wir verwerfen die falsche Lehre, als könne die Kirche in menschlicher Selbstherrlichkeit das Wort und Werk des Herrn in den Dienst irgendwelcher eigenmächtig gewählter Wünsche, Zwecke und Pläne stellen.

Die Bekenntnissynode der Deutschen Evangelischen Kirche erklärt, dass sie in der Anerkennung dieser Wahrheiten und in der Verwerfung dieser Irrtümer die unumgängliche theologische Grundlage der Deutschen Evangelischen Kirche als eines Bundes der Bekenntniskirchen sieht. Sie fordert alle, die sich ihrer Erklärung anschließen können, auf, bei ihren kirchenpolitischen Entscheidungen dieser theologischen Erkenntnisse eingedenk zu sein. Sie bittet alle, die es angeht, in die Einheit des Glaubens, der Liebe und der Hoffnung zurückzukehren.

Verbum dei manet in aeternum.

V. Hintergründe[5]:

BARMER THEOLOGISCHE ERKLÄRUNG - HINTERGRÜNDE

Die Barmer Theologische Erklärung ist eines der wichtigsten Dokument des Kirchenkampfes im nationalsozialistischen Deutschland. Diese Erklärung ist der Beschluss der ersten Bekenntnissynode der Deutschen Evangelischen Kirche (DEK) in Barmen (1934). Die „Theologische Erklärung zur gegenwärtigen Lage der Deutschen Evangelischen Kirche" ist von Karl Barth, Hans Christian Asmussen und Th. Breit konzipiert worden. Der theologische Vater ist Karl Barth. Die Barmer Theologische Erklärung richtete sich gegen die DC (Deutsche Christen), eine Glaubensbewegung unter dem unmittelbaren Einfluss der NSDAP. Die Deutschen Christen hatten seit 1933 – unterstützt von der Gleichschaltungspolitik des nationalsozialistischen Staates – erhebliche Macht in den Kirchen errungen. Die DEK setzte sich - ganz im Sinne der NSDAP - für einen „artgemäßen Christusglauben und von den göttlichen „Lebensordnungen" in „Rasse, Volkstum und Nation". Die Barmer Theologische Erklärung grenzt sich von den Deutsche Christen ab.

Die sechs Thesen der Barmer Theologischen Erklärung: Die Erklärung enthält sechs Thesen, die jeweils aus Bibelwort, Bekenntnis- und Verwerfungssatz bestehen:

These 1: Jesus Christus schließt als das „eine Wort Gottes" andere

5 Vgl. https://www.theology.de/kirche/texte/barmertheologischeerklaerunghintergruende.php

„Ereignisse und Mächte, Gestalten und Wahrheiten als Gottes Offenbarung“ aus, der die Kirche folgen darf. Die den Deutschen Christen als Norm geltenden „Lebensordnungen“ sind damit abgelehnt.

These 2: Wort Gottes hat zwei Aspekte: Es ist einerseits Gottes vergebender Zuspruch und andererseits sein Anspruch „auf unser ganzes Leben“. Das bedeutet, dass ein Christ in seiner öffentlichen Verantwortung nicht unter dem Gebot einer christusfremden Eigengesetzlichkeit stehen darf.

Thesen 3, 4 und 6 folgern: Die Kirche hat nicht zwei, sondern nur einen Herrn. Deshalb muss sie ihre Botschaft und Ordnung allein von ihm und nicht von „herrschenden weltanschaulichen und politischen Überzeugungen“ bestimmen lassen. Kirche ist „Gemeinschaft von Brüdern“, ihre Ämter sind Dienste, ihre Botschaft an das Volk ist Gottes freie Gnade, sagt die Erklärung.

These 5: Der Staat darf nicht die „totale Ordnung des Lebens“ sein, der man blind zu gehorchen hat. Der Staat ist begründet und begrenzt durch Gottes „Anordnung für Recht und Frieden zu sorgen.“ Die Kirche ist eindeutig nicht Organ des Staates, hat aber ihm gegenüber an Gottes Reich, Gebote und Gerechtigkeit zu erinnern und damit an „die Verantwortung der Regierenden und Regierten“ zu appellieren.

Und was leider nicht in der Erklärung steht

In der Barmer Theologischen Erklärung fehlt leider ein Wort zur sich anbahnenden Judenverfolgung.

Status

Ganz überwiegend betrachten die Kirchen die Barmer Theologische Erklärung als wegweisendes Lehr- und Glaubenszeugnis der Kirche im 20. Jahrhundert. Nicht wenige messen ihr darüber hinaus verpflichtende Bedeutung bei, einige rechnen sie zu ihren Bekenntnisgrundlagen (Evangelisch-reformierte Kirche, Evangelische Kirche der Union).

VI. Erklärung:

Barmer Theologische Erklärung[6]

50 Jahre Barmer Theologische Erklärung: Sonderbriefmarke der Deutschen Bundespost von 1984

Die **Barmer Theologische Erklärung** (abgekürzt **BTE**; auch **Barmer Bekenntnis**, **Barmer Erklärung**, **Barmer Thesen** oder kurz **Barmen**; originaler Langtitel: „Theologische Erklärung zur gegenwärtigen Lage der Deutschen Evangelischen Kirche (DEK)") war das theologische Fundament der Bekennenden Kirche (BK) in der Zeit des Nationalsozialismus. Der Name bezieht sich auf den Ort der Erklärung, den Wuppertaler Stadtteil Barmen.

[6] Vgl. https://de.wikipedia.org/wiki/Barmer_Theologische_Erkl%C3%A4rung

Ihr Hauptautor war der reformierte Theologe Karl Barth, Mitautoren waren die lutherischen Theologen Thomas Breit und Hans Asmussen. Die erste Barmer Bekenntnissynode nahm den mehrfach überarbeiteten Text am 31. Mai 1934 als verbindliches Bekenntnis aller lutherischen, reformierten und unierten Mitgliedskirchen der DEK an.

Entscheidender Kernsatz ist die Aussage: Jesus Christus allein sei das eine Wort Gottes, darum hätten Christen ihm allein und keinen anderen Mächten ihrer Gegenwart zu vertrauen und zu gehorchen. Diese exklusive Entgegensetzung führte im Kirchenkampf zur Trennung der BK von einigen evangelischen Landeskirchen, die von der dem Nationalsozialismus nahestehenden Kirchenpartei Deutsche Christen (DC) allein oder mit diesen regiert wurden. Sie begründete für einige BK-Mitglieder ansatzweise einen evangelischen Widerstand gegen den Nationalsozialismus und für einen demokratischen Rechtsstaat. Ihre politische Deutung war jedoch von Anfang an umstritten.

Gleichwohl hatte die BTE Wirkungen über die NS-Zeit hinaus. Nach 1945 nahm die Evangelische Kirche in Deutschland (EKD) sie als wegweisendes und bleibend gültiges Lehr- und Glaubenszeugnis in das Evangelische Gesangbuch auf. In einigen Mitgliedskirchen der EKD, der ehemaligen EKU sowie den evangelischen Kirchen Österreichs werden die Pfarrer bei ihrer Ordination auf dieses Bekenntnis verpflichtet. Für einige Reformierte Kirchen ist sie eine offizielle Bekenntnisschrift.

1. Entstehung:

Der Ort der Bekenntnissynode: Die Gemarker Kirche

Kirchenkampf

→ *Hauptartikel: Kirchenkampf*

Die deutsche evangelische Kirche war traditionell eng mit dem Kaiserreich verbunden. Die meisten ihrer Pastoren waren nationalistisch, antidemokratisch und antikommunistisch eingestellt, lehnten die Weimarer Republik ab und begrüßten Adolf Hitlers Machtübernahme im Januar 1933 begeistert in dem Glauben, diese habe eine drohende kommunistische Revolution verhindert. Sie wollten an der Seite des NS-Regimes zu einer „nationalen Wiedergeburt" beitragen und erhofften sich davon eine Stärkung der Volkskirche und des Protestantismus (etwa am Tag von Potsdam, 21. März 1933). Demgemäß schwiegen sämtliche evangelischen Kirchenführer 1933 zur Ausschaltung der Linksparteien und Gewerkschaften, zum Straßenterror der SA und zur Judenverfolgung. Stattdessen protestierten sie gegen die angebliche „Greuelpropaganda" des Auslands gegen diese Maßnahmen.

Im April 1933 ernannte Hitler den unbekannten Wehrkreispfarrer Ludwig Müller zu seinem Kirchenbeauftragten, stellte sich am 13. Juli 1933 offen hinter die DC und verhalf diesen bei den allgemeinen Kirchenwahlen am Folgetag so zu einem Erdrutschsieg. Um deren Streben nach einer zentral regierten Reichskirche entgegenzukommen, hatten die evangelischen Landeskirchen am 11. Juli 1933 eine neue Kirchenverfassung mit einem Reichsbischof an der Spitze beschlossen, aber zugleich ihre Autonomie als föderal gleichberechtigte Bekenntniskirchen gewahrt. Erst als die DC gegen diese Statuten den Ausschluss der Judenchristen betrieben, protestierten einige evangelische Pastoren gegen diese Übergriffe auf kirchliche Lehre und Selbständigkeit. Die Proteste nahmen zu, als die „braune Synode" der DC Ludwig Müller am 27. September 1933 zum Reichsbischof wählte, mit einem Arierparagraphen eine „judenfreie" DEK anstrebte, Reinhold Krause bei einer DC-Großkundgebung am 13. November 1933 eine „Entjudung" der Bibel propagierte und Müller zum Jahresende die evangelische Jugend in die Hitlerjugend eingliedern ließ.[1]

Seit der Gründung des Pfarrernotbunds (September 1933) bildeten sich überall in Deutschland „bekennende" Gemeinden. Als Reichsbischof Müller diesen am 4. Januar 1934 öffentliche Erklärungen verbot, bildeten sich „Bekenntnissynoden", die Beschlüsse zur Neuordnung der DEK nach Maßgabe des Evangeliums fassten. Müllers Versuche, die unabhängigen Landeskirchen rechtlich der Reichskirche und damit seiner Autorität zu unterwerfen, führten dazu, dass sich einige „intakte", noch nicht gleichgeschaltete Landeskirchen am 11. April 1934 mit dem Pfarrernotbund und den freien Bekenntnissynoden zu einer „Bekenntnisgemeinschaft der DEK" verbündeten. In der Ulmer Erklärung vom 22. April 1934 erhob diese gegen Müller, die DC und die vom NS-Regime verordnete Kirchenverwaltung unter August Jäger den Anspruch, die einzige rechtmäßige DEK zu sein. Ein dort eingesetzter „Bruderrat" sollte eine reichsweite Bekenntnissynode vorbereiten und setzte seinerseits ein theologisches Dreiergremium ein, das für diese Synode eine theologische Grundsatzerklärung entwerfen sollte. Am 7. Mai beschloss der Bruderrat, die erste Bekenntnissynode der DEK für den 29. bis 31. Mai nach Barmen-Gemarke einzuberufen. Dort wurde die BTE beschlossen. Sie ging also aus den wachsenden Protesten gegen die „Gleichschaltung" der DEK mit dem NS-Staat hervor.[2]

Vorläufer und Vorentwürfe

Öffentliche Glaubensbekenntnisse waren im deutschen Protestantismus vor 1933 selten geworden, weil der christliche Glaube weithin nur noch als private und individuelle Gesinnung verstanden wurde. Im ersten Jahr des Kirchenkampfes erschienen dann in der DEK rund 75 „Bekenntnisse". Die DC verknüpften christliche Glaubenssätze direkt mit Bekenntnissen zum deutschen Volk, zu deutscher Rasse, seiner autoritären Staatsgestalt und seinem Führer. Die Jungreformatorische Bewegung dagegen bekannte, Jesus Christus allein begründe die Kirche, doch zugleich zeige sich Gott in der aktuellen „völkischen Erneuerung unseres Vaterlandes", so dass man ganz für die eigene Nation zu leben und zu sterben bereit sei. So kombinierte die lutherische und deutschnationale kirchliche „Mitte" das Ja zu Jesus Christus in der Kirche mit dem vorbehaltlosen Ja zu Hitler und zum NS-Staat in der Politik. Dagegen schloss das von Karl Barth allein verfasste Bekenntnis der freien reformierten Synode in Barmen vom 4. Januar 1934 jede derartige Kombination kategorisch aus.[3] Damit wurde es zum Vorläufer der BTE. Diese erkannten dann auch die Hitleranhänger in der DEK an, weil die DC ihre Kombinationen für ihre rassistische Kirchenpolitik vereinnahmen konnten. So erschien die klare Alternative immer plausibler: Entweder die Kirche bekennt sich allein zu Jesus Christus oder sie verliert ihre Botschaft und damit ihren Existenzgrund an eine Häresie.[4]

Am 2. Mai 1934 berief der Bruderrat den Bonner Theologieprofessor Karl Barth, den Hamburger Pastor Hans Asmussen und den Münchner Oberkirchenrat Thomas Breit als Autoren der BTE, am 7. Mai zudem den Erlanger Kirchenhistoriker Hermann Sasse. Dieser sagte das erste Autorentreffen am 15./16. Mai in Frankfurt am Main krankheitsbedingt ab. Barth kam verspätet mittags dazu und verfasste den ersten Entwurf der BTE, während Asmussen und Breit schliefen. Asmussen ergänzte dann These II um den Satz: „Durch ihn (Christus) widerfährt uns frohe Befreiung aus den gottlosen Bindungen dieser Welt zu freiem, dankbaren Dienst an seinen Geschöpfen." Barth ergänzte These VI, die die anderen annahmen. Barth lobte diese Zusammenarbeit in einem Brief an Asmussen vom 23. Mai 1934 als „Frankfurter Konkordie", gab ihr also denselben Rang wie den Einigungsformeln zwischen Lutheranern und Reformierten in der Reformationszeit.

Am 22. Mai in Leipzig strich der Bruderrat aus Sorge um die kirchenrechtlichen Folgen vor allem den Satz „...bekennen sich durch ihre Vereinigung zu der kommenden Gottesgabe der einen, heiligen, allgemeinen und apostolischen Kirche". Bevor er diese Änderung beschloss, erhielt er einen Protestbrief Sasses gegen „unionistische" Tendenzen des Frankfurter Entwurfs: Die Bekenntnissynode dürfe auf keinen Fall ein überkonfessionelles Lehramt beanspruchen. Daraufhin reduzierte Asmussen den Titel auf eine „Erklärung zur kirchlichen Lage", besuchte Sasse und verfasste mit ihm den „Erlanger Entwurf". Dieser formulierte die sechs Thesen „volkstümlicher" und schloss eine Unionskirche explizit aus. Die süddeutschen Bischöfe Theophil Wurm und Hans Meiser stimmten dieser Fassung zu. Barth dagegen lehnte sie ab und war nur bereit, einige Änderungen des Leipziger Entwurfs in die Frankfurter Erstfassung aufzunehmen. So entstand der „Bonner Entwurf". Diesen wollte Asmussen der Bekenntnissynode nur zusammen mit einem Erläuterungsreferat vorstellen und dann den jeweiligen konfessionellen Konventen den Umgang damit überlassen. So sollte die BTE die gemeinsame Entwicklung zur Bekenntniskirche allenfalls anstoßen, nicht abschließen.

Auf der Barmer Synode verlangten dann auch viele Lutheraner mehr als nur einen Protest gegen staatliche Übergriffe. Ein Pastor kommentierte unter Beifall: Eine „bekennende Kirche", die kein gemeinsames Bekenntnis zustande brächte, wäre lachhaft in den Augen der DC. Entgegen den Plänen des Bruderrats bestanden Barth und Asmussen darauf, der ganzen Synode den unveränderten Bonner Entwurf vorzuschlagen. Die Lutheraner verlangten, die konfessionellen Konvente müssten sofort nach dessen Vorstellung seine Verträglichkeit mit den je eigenen Bekenntnissen prüfen. Zu Beginn seines Referats ließ Asmussen zwei Sätze im Entwurf nachtragen: Lutheraner, Reformierte und Unierte dürften und müssten heute gemeinsam reden, wollten dabei aber den je eigenen Bekenntnissen treu sein und bleiben. Trotz großen Beifalls für sein Referat musste wegen der lutherischen Bedenken ein achtköpfiger interkonfessioneller Ausschuss gebildet werden. Dieser beriet am

30. Mai sieben Stunden lang und beschloss eine Endfassung, in der alle Hinweise auf eine „Vereinigung der Bekenntniskirchen" fehlten und nicht mehr die „Einheit", sondern die „Gemeinsamkeit" des Bekennens formuliert wurde. Der Ausschuss nahm Karl Barths neuformulierte These V einstimmig an. Diese Endfassung beschlossen die 138 Delegierten der Synode nach kurzer Plenarberatung am 31. Mai einstimmig. Die Einigung wurde angesichts der rund 400-jährigen konfessionellen Konflikte im deutschen Protestantismus und der kurzen Vorbereitungszeit der BTE vielfach als eine Art Wunder gelobt.[5]

---

2. Rahmentexte und Aufbau:

„Die Deutsche Evangelische Kirche ist nach den Eingangsworten ihrer Verfassung vom 11. Juli 1933 ein Bund der aus der Reformation erwachsenen, gleichberechtigt nebeneinander stehenden Bekenntniskirchen. [...] Art. 1: Die unantastbare Grundlage der Deutschen Evangelischen Kirche ist das Evangelium von Jesus Christus, wie es uns in der Heiligen Schrift bezeugt und in den Bekenntnissen der Reformation neu ans Licht getreten ist.“

Die Vertreter aller Landeskirchen hatten einstimmig einen föderalen Bund gleichberechtigter Bekenntniskirchen beschlossen und damit die von den DC angestrebte Nationalkirche ohne Bekenntnisbindung abgelehnt. Diesen Beschluss hatte die Regierung am 14. Juli 1933 anerkannt. Somit konnte sich die Barmer Synode zu Recht auf die geltende DEK-Verfassung berufen, die die ausschließliche Bindung an Jesus Christus gemäß dem Zeugnis der Bibel und der reformatorischen Auslegung schon aussprach. Diese Bindung verbinde alle Teilkirchen der DEK gültig miteinander.

Dann beschrieb die Präambel die damals aktuelle Lage: Die Einheit der DEK sei „aufs schwerste gefährdet“ durch die Lehr- und Handlungsweise der DC und ihres Kirchenregiments (Ludwig Müller).

„Diese Bedrohung besteht darin, dass die theologische Voraussetzung, in der die Deutsche Evangelische Kirche vereinigt ist, sowohl seitens der Führer und Sprecher der Deutschen Christen als auch seitens des Kirchenregimentes dauernd und grundsätzlich durch fremde Voraussetzungen durchkreuzt und unwirksam gemacht wird. Bei deren Geltung hört die Kirche nach allen bei uns in Kraft stehenden Bekenntnissen auf, Kirche zu sein."

Darum sei eine gemeinsame Erklärung der lutherischen, reformierten und unierten Kirchen jetzt nötig:

„Gerade weil wir unseren verschiedenen Bekenntnissen treu sein und bleiben wollen, dürfen wir nicht schweigen, da wir glauben, dass uns in einer Zeit gemeinsamer Not und Anfechtung ein gemeinsames Wort in den Mund gelegt ist. Wir befehlen es Gott, was dies für das Verhältnis der Bekenntniskirchen untereinander bedeuten mag. Wir bekennen uns angesichts der die Kirche verwüstenden und damit auch die Einheit der Deutschen Evangelischen Kirche sprengenden Irrtümer der Deutschen Christen und der gegenwärtigen Reichskirchenregierung zu folgenden evangelischen Wahrheiten:"

Die folgenden sechs Barmer Thesen begannen gemäß Art. 1 der DEK-Verfassung mit dem Bekenntnis zu Jesus Christus. Dieser begründe als das *eine* Wort Gottes (I) und der *eine* Herr aller Lebensbereiche (II) die Gestalt und den Zeugnisauftrag der Kirche (III), ihre Ämter und deren Zweck (IV), die Aufgabe des Staates (V) und die Botschaft der freien Gnade als Aufgabe der Kirche gegenüber dem Staat (VI). Jede These stellt eine biblische Begründung voran und dann eine positive Lehraussage einer negativen Verwerfung gegenüber, die sie als falsche Lehre (Häresie) kennzeichnet. So macht schon dieser Aufbau den unbedingten Vorrang Jesu Christi nach biblischem Zeugnis als Grundlage, Quelle und Wahrheitskriterium aller Thesen deutlich.[6]

Der Epilog betonte, die Anerkennung dieser Thesen und Verwerfung der darin benannten Irrlehren sei „die unumgängliche theologische Grundlage der Deutschen Evangelischen Kirche als eines Bundes der Bekenntniskirchen", also identisch mit deren Verfassung und verbindlich für die Kirchenpolitik. Zuletzt lud die Synode die DC-Gegner ein:

„Sie bittet alle, die es angeht, in die Einheit des Glaubens, der Liebe und der Hoffnung zurückzukehren. Verbum dei manet in aeternum"

Dieser lateinische Satz – übersetzt „Gottes Wort bleibt in Ewigkeit" – ist der einzige Anklang an eine alttestamentliche Bibelstelle (Jes 40,8 EU; vgl. Ps 119,89 LUT; 1 Petr 1,25 EU) in der BTE.

Gedenktafel mit der ersten These an der Gemarker Kirche

3. Die Thesen:

I

Jesus Christus spricht: Ich bin der Weg und die Wahrheit und das Leben; niemand kommt zum Vater denn durch mich. (Joh 14,6 LUT) Wahrlich, wahrlich, ich sage euch: Wer nicht zur Tür hineingeht in den Schafstall, sondern steigt anderswo hinein, der ist ein Dieb und Räuber. Ich bin die Tür; wenn jemand durch mich hineingeht, wird er selig werden. (Joh 10,1.9 LUT)

„Jesus Christus, wie er uns in der Heiligen Schrift bezeugt wird, ist das eine Wort Gottes, das wir zu hören, dem wir im Leben und im Sterben zu vertrauen und zu gehorchen haben. Wir verwerfen die falsche Lehre, als könne und müsse die Kirche als Quelle ihrer Verkündigung außer und neben diesem einen Worte Gottes auch noch andere Ereignisse und Mächte, Gestalten und Wahrheiten als Gottes Offenbarung anerkennen."

Zwei Ich-bin-Worte sind vorangestellt, weil These I keine menschliche Selbstermächtigung sein, sondern Jesu Christi eigenes Wort bezeugen und beantworten will. Er allein sei der Weg zu Gott, weil Gott in ihm als Mensch zu den Menschen gekommen sei (Joh 1,14 EU): Wer anderes behaupte, raube den Menschen die Wahrheit und das Leben. Darin waren die mörderischen Folgen der DC-Ideologie mitgedacht. Darum spitzt These I Artikel 1 der DEK-Verfassung zu: Jesus Christus sei das *eine* Wort Gottes, dem „wir", alle Christen, im Leben und Sterben zu vertrauen und zu gehorchen hätten.[7]

Diese Schärfe war laut Karl Barths Vortrag nach der Synode (9. Juni 1934) damals nötig, damit die Kirche das erste der Zehn Gebote für sich gelten ließ: „Ich bin der Herr dein Gott…“ (Ex 20,2 EU). Jesus Christus als einzige Offenbarung Gottes anzuerkennen heiße zugleich, JHWH, den Gott Israels, als den einzigen Herrn der Kirche anzuerkennen. Andere Mächte dieser Welt seien damit unbestritten, aber ihr Geltungsanspruch für die Kirche sei unbedingt abzuweisen.[8] Dies hatte Barth in seinem Aufsatz *Das erste Gebot als theologisches Axiom* ausgeführt, den er kurz nach dem Ermächtigungsgesetz im März 1933 gegen die Hitler-Begeisterung der meisten Protestanten und die Vergötzung von Größen wie Volkstum, Rasse, Nation und Staat verfasst hatte.[9]

Der Verweis auf die „Heilige Schrift“ machte die ganze Bibel als Offenbarungszeugnis für die Kirche verbindlich, um beliebig entstellte Jesusbilder ihrer Norm zu unterwerfen. Damit war ihre untrennbare Einheit als Altes (AT) und Neues Testament (NT) gemeint, die sich wechselseitig bedingen und auslegen, wie es Barths erste Barmer Erklärung vom Januar 1934 ausführte. Der Ausdruck „im Leben und im Sterben“ erinnerte an Röm 14,8 EU und die erste Frage im Heidelberger Katechismus. Die drei Verben „hören“, „vertrauen“, „gehorchen“ übersetzten das, was christlicher Glaube beinhaltet, nämlich aktive Nachfolge Jesu, und wiesen einen Glauben ohne entsprechendes Handeln strikt zurück.[10]

Verworfen wird die „natürliche Theologie“, die die DC-Irrlehren ermöglicht hatte. Barth erläuterte im Juni 1934: Das Nein zu anderen Offenbarungsquellen schließe Wahrheiten außerhalb von

Kirche und Christentum nicht aus, wohl aber, dass die Christen andere Mächte neben Jesus Christus als Gottes Offenbarung anzuerkennen, ihnen zu vertrauen und zu gehorchen hätten. Damit würden sie diese Mächte faktisch zu einem zweiten Gott machen. Doch indem Gott bestimmte Menschen (das Volk Israel) erwählt habe, habe er sich von allen Göttern unterschieden und ausgeschlossen, dass die erwählten Menschen sich ihre Götter selber wählen. Jesus Christus als das *eine* Wort Gottes mache es Christen also unmöglich, sich ihren Gott außerhalb der besonderen Geschichte Gottes mit seinem erwählten Volk zu suchen. Das Bekenntnis zu ihm schließe die Erwählung Israels ein, aber die eigenmächtige Wahl anderer Götter aus: Dieser Selbstunterscheidung Gottes könne die Kirche nur folgen, wenn sie Kirche Jesu Christi sein und bleiben wolle. Das war zuallererst ein Bußruf an die völkischen (rassistischen) Theologen in der DEK.[11]

So schrieb Barths früherer Mitstreiter Friedrich Gogarten wie zuvor Wilhelm Stapel im Sommer 1933: „Das Gesetz Gottes ist für uns identisch mit dem Nomos des Dritten Reiches." Das war für Barth der „vollzogene Verrat am Evangelium", so dass er sich von Gogarten und der Zeitschrift Zwischen den Zeiten trennte.[12] Im Oktober 1934 bekräftigte Barth mit seinem schroffen „Nein!" seinen unbedingten Widerspruch zu Emil Brunners Versuch, „Natur und Gnade" (die angeblich natürlichen Ordnungen im Bereich der Politik als Rahmenbedingung zum Verstehen der Gnade Jesu Christi) auszugleichen.[13]

Die abgewehrten Irrlehren der DC waren so bekannt, dass sie nicht eigens zitiert wurden. So behaupteten die DC seit 1932, „Rasse, Volkstum und Nation“ seien von Gott geschenkte, als „Gottes Gesetz“ zu erhaltende Lebensordnungen, die auch vor den „Untüchtigen und Minderwertigen“ zu schützen seien. Die evangelische Kirche müsse im „Entscheidungskampf um Sein oder Nichtsein unseres Volkes an der Spitze“ kämpfen. Sie müsse im Volkstum wurzeln und „den Geist eines christlichen Weltbürgertums“ ablehnen. Ab 1933 hieß es: „Der ewige Gott“ habe dem deutschen Volk „ein arteigenes Gesetz eingeschaffen“, das im Führer Adolf Hitler und dem von ihm geformten NS-Staat Gestalt gewonnen habe. „Dieses Gesetz spricht zu uns in der aus Blut und Boden erwachsenen Geschichte unseres Volkes.“ Das AT sei gegenüber dem NT minderwertig und dokumentiere nur die „überwundene“ jüdische Volksreligion. Die Kreuzigung Jesu habe den Abfall der Juden von Gott vor aller Welt offenbar gemacht: „Von daher lastet der Fluch Gottes auf diesem Volke bis zum heutigen Tage.“ In Hitler sei „Christus, Gott der Helfer und Erlöser, unter uns mächtig geworden“. Hitler bzw. der Nationalsozialismus sei „jetzt der Weg des Geistes und Willens Gottes zur Christuskirche deutscher Nation“.[14] Die DC-geführte Volkskirche Sachsens bekannte im Dezember 1933: „Weil die deutsche Volkskirche die Rasse als Schöpfung Gottes achtet, erkennt sie die Forderung, die Rasse rein und gesund zu erhalten, als Gottes Gebot“ und „im Totalitätsanspruch des nationalsozialistischen Staates den Ruf Gottes zu Familie, Volk und Staat.“[15]

II

Durch Gott seid ihr in Christus Jesus, der uns von Gott gemacht ist zur Weisheit und zur Gerechtigkeit und zur Heiligung und zur Erlösung. (1 Kor 1,30 LUT)

„Wie Jesus Christus Gottes Zuspruch der Vergebung aller unserer Sünden ist, so und mit gleichem Ernst ist er auch Gottes kräftiger Anspruch auf unser ganzes Leben; durch ihn widerfährt uns frohe Befreiung aus den gottlosen Bindungen dieser Welt zu freiem, dankbarem Dienst an seinen Geschöpfen. Wir verwerfen die falsche Lehre, als gebe es Bereiche unseres Lebens, in denen wir nicht Jesus Christus, sondern anderen Herren zu eigen wären, Bereiche, in denen wir nicht der Rechtfertigung und Heiligung durch ihn bedürften."

Das Eingangszitat bekräftigt, Jesus Christus sei *Gottes* „Weisheit" für die Menschen, nämlich laut 1 Kor 1,1ff. EU das „Wort vom Kreuz", das die Weisheit der Mächtigen und Vornehmen durchkreuzt und als Torheit aufdeckt. Nicht die menschlichen Wünsche, Ansprüche und Leistungen definierten das Evangelium, sondern die Lebenshingabe des für uns gekreuzigten Jesus Christus. Diese enthalte alles weitere: Gerechtigkeit, Heiligung und Erlösung.

These II übersetzt diese Begriffe: Gottes Gerechtigkeit sei sein Zuspruch der Vergebung, also sein Recht zur Gnade. Eben weil diese allen gelte, erhebe dieser Gott Anspruch auf unser ganzes Leben, beschlagnahme es völlig zur Nachfolge Jesu. Darum bedeute Erlösung aktuelle Befreiung aus allen gottlosen Bindungen (an Volk, Rasse, Staat, Führer...) zum freien, dankbaren Dienst an allen Geschöpfen, am Leben aller. So konkretisiert die These die traditionelle lutherische Unterscheidung von Gesetz und Evangelium kreuzestheologisch: Weil die Lebenshingabe Jesu Christi Gottes Gesetz stellvertretend für alle erfüllt habe, habe dieses Evangelium Vorrang vor dem Gesetz und qualifiziere es zum konkreten, aktuellen, alle Lebensbereiche beanspruchenden Gebot.

Damit widersprach die These der damals gängigen Form der Zwei-Reiche-Lehre, Gottes Wort in zwei gegensätzliche Worte aufzuspalten, dem tötenden, richtenden Gesetz Vorrang zu geben, es mit vorfindlichen Ordnungsstrukturen zu identifizieren und diesen (etwa im Sinne Max Webers) eine nicht normierbare Eigengesetzlichkeit zuzuschreiben. Dies führte besonders in der NS-Zeit dazu, christliche Ethik auf reibungslose Unterwerfung unter die Staatsgesetze und bürgerliche, folgenlose Privatmoral zu beschränken und der Kirche jedes Recht zu Kritik an der Politik abzusprechen. So begrüßten viele lutherische Christen den autoritären, gnadenlosen, rassistischen NS-Staat als angebliche Gestalt des in der Geschichte wirkenden Gesetzes Gottes und sprachen sich von vornherein von Mitverantwortung für staatliches Unrecht frei.[16]

III

Lasst uns aber wahrhaftig sein in der Liebe und wachsen in allen Stücken zu dem hin, der das Haupt ist, Christus, von dem aus der ganze Leib zusammengefügt ist. (Eph 4,15.16 LUT)

„Die christliche Kirche ist die Gemeinde von Brüdern, in der Jesus Christus in Wort und Sakrament durch den Heiligen Geist als der Herr gegenwärtig handelt. Sie hat mit ihrem Glauben wie mit ihrem Gehorsam, mit ihrer Botschaft wie mit ihrer Ordnung mitten in der Welt der Sünde als die Kirche der begnadigten Sünder zu bezeugen, dass sie allein sein Eigentum ist, allein von seinem Trost und von seiner Weisung in Erwartung seiner Erscheinung lebt und leben möchte.
Wir verwerfen die falsche Lehre, als dürfe die Kirche die Gestalt ihrer Botschaft und ihrer Ordnung ihrem Belieben oder dem Wechsel der jeweils herrschenden weltanschaulichen und politischen Überzeugungen überlassen."

These III folgt aus These I und II: Wird Jesus Christus als das eine Wort Gottes anerkannt, das andere Herren in der Kirche ausschließt, dann kann diese nur Gemeinschaft gleichberechtigter Geschwister sein. Die Wendung „Gemeinde von Brüdern" schloss wie damals sprachlich üblich die Schwestern ein. Sie spielte auf Mk 3,32.34 EU und Mt 23,8.10 EU an: Die Gottes Willen befolgen, seien Jesu Brüder, Schwestern und Mutter; *einer* sei ihr Meister, sie alle seien „Brüder". Eph 4,15f. macht deutlich: Weil dieses eine Haupt alle Glieder des Leibes regiere, füge es sie gerade in ihrer Verschiedenheit zusammen. Dieser einheitsstiftenden Bewegung „von oben" entspricht nach These II die Liebe untereinander und das Wachstum „von unten". Barth nannte diese Ekklesiologie später „geschwisterliche Christokratie".

These III erinnerte alle an den Machtkämpfen in der DEK Beteiligten: Kirche gehöre allein Jesus Christus. Nur von ihm her sei tragfähige Einigung möglich und zu erhoffen. Die Wendung „mitten in der Welt der Sünde als die Kirche der begnadigten Sünder" schloss zwei Abwege aus: Die Kirche könne sich aus dieser Welt in einen vermeintlich geschützten sakralen Raum zurückziehen (so die Jungreformatoren) oder müsse ihre Gestalt und Botschaft den Ansprüchen dieser Welt ausliefern und anpassen (so die DC).

Gerade die äußere, rechtliche Kirchengestalt sei nicht beliebig, sondern habe Jesus Christus sichtbar zu entsprechen: Das richtete sich gegen die seit Rudolph Sohm üblich gewordene Auffassung, die wahre Kirche sei unsichtbar und „frei von jeglichem Recht". Ihre sichtbare Gestalt sei rein weltlich und berühre ihre unsichtbare Wahrheit nicht. Daraus folgerte der DC-Theologe Emanuel Hirsch 1934: Die DEK müsse „in ihrer Verfassung dem Staat angepasst sein". Die zentralisierte, von einem staatsloyalen Reichsbischof regierte Reichskirche sei eine „politische Notwendigkeit". Dagegen stellte These III keine konturenlose formale Demokratie, sondern die Gemeinschaft der begnadigten, zur Nachfolge berufenen Sünder.

Damit wies sie implizit den Ausschluss bedrohter Judenchristen zurück, den die DC betrieben, aber auch ihren Ausschluss aus kirchlichen Leitungsämtern, den der Leiter des Pfarrernotbunds Martin Niemöller ihnen als „gebotene Zurückhaltung" nahegelegt hatte.[17] Verworfen wurde etwa die These der sächsischen Volkskirche, die vom NS-Staat rassistisch definierte Volksgemeinschaft sei für die Kirche maßgeblich: „Mitglied der Volkskirche kann … nur sein, wer nach dem Rechte des Staates Volksgenosse ist.“[18]

IV

Jesus Christus spricht: Ihr wisst, dass die Herrscher ihre Völker niederhalten und die Mächtigen ihnen Gewalt antun. So soll es nicht sein unter euch; sondern wer unter euch groß sein will, der sei euer Diener. (Mt 20,25.26 LUT)

„Die verschiedenen Ämter in der Kirche begründen keine Herrschaft der einen über die anderen, sondern die Ausübung des der ganzen Gemeinde anvertrauten und befohlenen Dienstes. Wir verwerfen die falsche Lehre, als könne und dürfe sich die Kirche abseits von diesem Dienst besondere, mit Herrschaftsbefugnissen ausgestattete Führer geben und geben lassen.“

Das Jesuswort führte den Hörern unmittelbar ihre Realität vor Augen: Herrschen bedeute Gewalt ausüben, den Völkern Gewalt anzutun. Herrschen, das sich als Dienst am Volk ausgebe, sei Lüge. Diese (im damaligen NS-Staat besonders brutale und totale) Realität zu leugnen sei sinnlos. Gerade deshalb könne und dürfe sie die geschwisterliche Nachfolgegemeinschaft nicht bestimmen. Dabei spricht Jesus den Wunsch seiner Nachfolger an, so „gewaltig“ zu sein wie die Gewaltherrscher, und verweist sie auf ihre wahre Macht: die Fähigkeit, den *anderen* zu dienen, sich ihrer Not hinzugeben. Eben das können die Herrscher nicht, die Macht als unbegrenzte Handlungsfreiheit verstehen. So deckt Jesu Wort auch ihre Versklavung auf. Sein eigenes Beispiel, die Selbsthingabe des Menschensohns an den Sklavendienst, will zu einem herrschaftsfreien Miteinander befreien, das die kommende Befreiung von der allgemeinen Sklaverei schrankenloser Gewaltausübung anbahnt.

Um der Synode die Annahme der BTE zu erleichtern, betonte Asmussen im Begleitreferat: Jesus wende sich nicht gegen das Recht der Fürsten, zu herrschen, Gewalt zu besitzen und auszuüben. Damit rechtfertigte er die vom NS-Regime betriebene Beseitigung des Rechtsstaats und schloss aus, dass die innerkirchliche Herrschaftsfreiheit Vorbild für den Staat sein könne. So deckte das Bekenntnis auf, das die Bekenner selbst nicht auf Jesus Christus hörten.[19]

Der Hinweis auf „verschiedene Ämter" ließ mehrere Formen der Kirchenleitung zu, aber kein zentrales Reichsbischofsamt. Mit Herrschaftsbefugnissen ausgestattete Führer seien nicht nur unzweckmäßig, sondern ein verwerflicher Widerspruch zum biblischen Zeugnis. Damit lehnt die These indirekt auch das Führerprinzip an sich ab, das den Geführten jede Verantwortung für das Handeln ihres Führers nahm („Führer befiehl, wir folgen!"). Weil Jesus Christus in der Kirche allein herrsche, sei jedes Kirchenmitglied gleichermaßen für die ganze Gemeinschaft verantwortlich. Nur solche Leitungsämter seien ihm gemäß, die anderen die „Ausübung des der ganzen Gemeinde anvertrauten und befohlenen Dienstes" gewähren. Diese Gleichberechtigung von

„Laien“ und „Klerus“ für die Diakonie der Kirche, ihre praktische Nächstenliebe, wurde im NS-Staat überlebenswichtig.[20]

V

Fürchtet Gott, ehrt den König. (1 Petr 2,17 LUT)

„Die Schrift sagt uns, dass der Staat nach göttlicher Anordnung die Aufgabe hat, in der noch nicht erlösten Welt, in der auch die Kirche steht, nach dem Maß menschlicher Einsicht und menschlichen Vermögens unter Androhung und Ausübung von Gewalt für Recht und Frieden zu sorgen. Die Kirche erkennt in Dank und Ehrfurcht gegen Gott die Wohltat dieser seiner Anordnung an. Sie erinnert an Gottes Reich, an Gottes Gebot und Gerechtigkeit und damit an die Verantwortung der Regierenden und Regierten. Sie vertraut und gehorcht der Kraft des Wortes, durch das Gott alle Dinge trägt. Wir verwerfen die falsche Lehre, als solle und könne der Staat über seinen besonderen Auftrag hinaus die einzige und totale Ordnung menschlichen Lebens werden und also auch die Bestimmung der Kirche erfüllen. Wir verwerfen die falsche Lehre, als solle und könne sich die Kirche über ihren besonderen Auftrag hinaus staatliche Art, staatliche Aufgaben und staatliche Würde aneignen und damit selbst zu einem Organ des Staates werden.“

Mit dem Einsatz „Die Schrift sagt uns…“ beansprucht These V, die folgende Definition der Staatsaufgabe gesamtbiblisch und somit bleibend verbindlich zu begründen. Das Zitat aus 1 Petr 2,11–17 EU, das hier dem traditionellen Bezug auf Röm 13,1ff. EU vorgezogen wird, fasst diese Begründung apodiktisch knapp zusammen. Der Text appelliert an eine verfolgte Gemeinde, die Verfolger durch ein rechtschaffenes Leben und gute Taten zum Schweigen zu bringen, um die jeweiligen Staatsvertreter an ihre Aufgabe zu erinnern, Böses zu bestrafen und Gutes auszuzeichnen. Die Christen sollen ihnen gegenüber als freie „Knechte Gottes“ handeln: „Erweist allen Menschen Ehre, liebt die Brüder und Schwestern, fürchtet Gott und ehrt den Kaiser!“ Weil Gott allein zu fürchten sei, sei der Kaiser nicht anders als alle Menschen zu ehren. Die Gottesfurcht (das erste Gebot) verbiete, den Kaiser über andere Menschen zu stellen. So lehnten die Urchristen den Kaiserkult ab: Man müsse Gott mehr gehorchen als den Menschen (Apg 5,29 EU).[21]

Darum spricht These V von der „göttlichen Anordnung“ und „Aufgabe“ des Staates, an der er bleibend zu messen sei. Sie unterstellt ihn Jesu Christi umfassender Herrschaft, von der er abhänge, der er zu dienen habe, an der er zu prüfen sei. Die Wendung „in der noch nicht erlösten Welt“ begrenzt den Staat als vorläufig, erlösungsbedürftig, also nicht erlösungsfähig, sondern durch das kommende Reich Gottes befristet und überholt. Das verwirft jede metaphysische Staatstheorie, die das bloße Dasein von „Obrigkeit“ mit Gottes Ordnung gleichsetzt, Staatsgesetze als Gottes Gebot ausgibt und sogar den totalen, entgrenzten, jeder demokratischen Kontrolle entzogenen Staat als göttliches Gesetz legitimiert. Dagegen macht These V klar: Nur der Rechtsstaat entspreche der biblischen Staatsaufgabe, der totale Staat sei von vornherein Unrecht.

Die Wendung „nach dem Maß menschlicher Einsicht und menschlichen Vermögens“ bekräftigt, dass jede noch so gute Regierung immer nur menschlich, vorläufig, fehlbar sei und darum korrigierbar sein müsse. Das Gewaltmonopol des Staates wird anerkannt, aber die Ausübung von Staatsgewalt wird als Ausnahme, nicht Regel gekennzeichnet. Sie habe dem Zweck des Staates zu dienen, nämlich „Recht und Frieden“. Diese Formel hatten schon die Reformatoren für die Staatsaufgabe geprägt. Dabei hatte Huldrych Zwingli „Recht“ daran gemessen, ob die Gesetze „dem Bedrängten Rechtsschutz gewähren, auch wenn er keine Stimme hat“. Dieses biblisch verankerte Schutzrecht der Bedrohten war hier gemeint. Auch „Frieden“ meinte hier mehr als bloß Nichtkrieg, nämlich einen gerechten Frieden, der Kriegsursachen beseitigt. Eben dazu und nur dazu soll der Staat die nötigen Machtmittel besitzen. Damit stellte These V nur die elementaren Grundanforderungen an jeden Staat heraus. Weil der NS-Staat Recht und Frieden nicht nur brach, sondern sie dauerhaft zu zerstören trachtete, stellte die These indirekt schon die Frage, wie eine rechtlose, entrechtende Staatsmacht zu begrenzen, Recht und Frieden wiederherzustellen sei, und was die Kirche dazu beitragen könne.[22]

VI

Jesus Christus spricht: Siehe, ich bin bei euch alle Tage bis an der Welt Ende. (Mt 28,20 LUT)

Gottes Wort ist nicht gebunden. (2 Tim 2,9 LUT)

„Der Auftrag der Kirche, in welchem ihre Freiheit gründet, besteht darin, an Christi Statt und also im Dienst seines eigenen Wortes und

Werkes durch Predigt und Sakrament die Botschaft von der freien Gnade Gottes auszurichten an alles Volk. Wir verwerfen die falsche Lehre, als könne die Kirche in menschlicher Selbstherrlichkeit das Wort und Werk des Herrn in den Dienst irgendwelcher eigenmächtig gewählter Wünsche, Zwecke und Pläne stellen."

4. Wirkungen in der NS-Zeit:

Mahnmal für die Barmer Erklärung

Kirchenpolitik

Die BTE stellte klar, dass das Evangelium Jesu Christi selbst den DC-Lehren widersprach, so dass jeder evangelische Christ diese ablehnen oder sich von der DEK trennen müsse. Die kirchenpolitischen Folgen daraus waren jedoch schon auf der Barmer Synode umstritten. Hermann Sasse lehnte das gemeinsame Bekennen mit Reformierten und Unierten ab. Die Erlanger Dogmatiklehrer Werner Elert und Paul Althaus verfassten mit weiteren lutherischen Theologen am 11. Juni 1934 den Ansbacher Ratschlag, der wie die DC behauptete: Gottes Gesetz verpflichte die Christen „auf die natürlichen Ordnungen, denen wir unterworfen sind, wie Familie, Volk, Rasse (d.h. Blutszusammenhang)“.[23]

Das benutzten die DC zum weiteren Vorgehen gegen die BK. Am 9. August 1934 setzte Kirchenkommissar August Jäger die Bischöfe von drei intakten Landeskirchen mit Polizeigewalt ab. Am 23. September 1934 setzte eine DC-Synode den im Vorjahr gewählten Ludwig Müller als neuen Reichsbischof ein. Darum beschloss die zweite Bekenntnissynode am 19./20. Oktober 1934 in Berlin-Dahlem das in der DEK-Verfassung vorgesehene kirchliche Notrecht und setzte den Reichsbruderrat als Leitung der BK ein. Die Synode stellte fest, die staatlich eingesetzten Kirchenführer hätten sich von der einzig rechtmäßigen DEK getrennt. Keine evangelische Gemeinde solle noch mit ihnen zusammenarbeiten, alle sollten sich auf die BTE einigen. Damit vollzog die BK die rechtliche und organisatorische Trennung von den DC-Kirchenleitungen. So wirkte die BTE als Basis des Widerstands gegen staatlich eingesetzte Organe und deren Handlungen.[24]

Daraufhin hob Hitler Jägers Maßnahmen auf, veranlasste ihn zum Rücktritt und lud die wiedereingesetzten Bischöfe zu einem Treffen am 30. Oktober 1934 ein. Dabei vereinbarten sie mit dem NS-Regime eine vorläufige Kirchenleitung (VKL) unter Bischof August Marahrens. Dieser hatte die BTE nicht unterstützt und sah die BK als bloße „Bekenntnisbewegung", nicht als wahre DEK. Deshalb traten Asmussen, Barth, Niemöller und zwei Vertreter der Reformierten im November 1934 aus dem Bruderrat aus. Dessen übrige Mitglieder einigten sich mit der VKL, die Beschlüsse der Dahlemer Synode aufzuheben. Die „Bruderrats"-BK sah darin die Abkehr von der BTE. Fortan blieb die BK gespalten.[25]

Im August 1934 wollte Barth den von allen Staatsbeamten verlangten Führereid nur mit dem Zusatz „soweit ich es als evangelischer Christ verantworten kann" leisten und wurde deshalb disziplinarrechtlich angeklagt. Die Anklage machte klar, dass der Eid jede Begrenzung ausschließe, da der Führer nicht gegen Gottes Gebote verstoßen könne. Die BK, deren meiste Pastoren den Eid schon geleistet hatten, stellte sich nicht öffentlich hinter Barth; die VKL verteidigte ihn nur mit internen Eingaben. Als das NS-Regime drohte, gegen „Staatsfeinde und Landesverräter" in der BK durchzugreifen, beschwichtigte Marahrens: Die VKL dulde keine irgendwie gegen den NS-Staat gerichteten Bestrebungen in der BK. Man wünsche nichts anderes, als „im Gehorsam unter dem Wort Gottes [...] dem deutschen Volke und seinem Führer zu dienen und bei dem großen Werke des Aufbaus zu helfen“. Nachdem Barth Redeverbot erhielt, von der folgenden Augsburger Bekenntnissynode ausgeladen und am 22. Juni 1935 in den vorzeitigen Ruhestand versetzt wurde, zog er in die Schweiz.[26]

Nach dem Anschluss Österreichs im März 1938 verlangten fast alle DEK-Kirchenleitungen einen Treueid ihrer Beamten auf Hitler. Fast alle rund 18.000 evangelischen Pastoren außer etwa 270 Anhängern der BTE legten diesen ab. Auch die Altpreußische Union (APU) empfahl im Juli 1938, den Eid in leicht abgewandelter Form zu leisten. Kurz darauf veröffentlichte das NS-Regime einen internen Rundbrief des Reichsleiters Martin Bormann, der Pastoreneid sei eine rein innerkirchliche Angelegenheit, der Führer habe ihn nicht verlangt. Damit war die BK vollständig blamiert.[27] Barth hatte der BK mehrfach geraten, den Eid vollständig zu verweigern, da dieser das erste Gebot breche und einem fremden Gott diene. Die APU habe mit ihrer Eidempfehlung die BTE verlassen und sei dem Staat in die Falle gegangen. Nachdem Bormann die BK bloßgestellt hatte, fragte Barth den BK-Vertreter Heinrich Vogel: „Wann, ach wann, […] wird der liebe Gott euch deutschen Theologen zu eurem nicht genug zu schätzenden Tiefsinn und Scharfsinn hinzu auch noch ein bisschen schlichte politische Vernunft schenken, damit ihr bei solchen Anlässen, statt die Augustana etc. zu wälzen, rechtzeitig riechen […] möchtet, […] was los ist“.[28]

Am 30. September 1938 wollte die VKL wegen der Sudetenkrise ein Gebet in den Gottesdiensten verlesen lassen, das indirekt das NS-

Regime anklagte: „Dein Name ist in ihm [dem deutschen Volk] verlästert, Dein Wort bekämpft, Deine Wahrheit unterdrückt worden. Öffentlich und im Geheimen ist viel Unrecht geschehen..." Als die Westmächte dem Münchner Abkommen mit Hitler zustimmten, wurde das Gebet zurückgezogen. Die NSDAP und die Kirchenregierung nutzten dies für eine Kampagne gegen angebliche „Volksschädlinge" und „fanatisierte Kreise" der BK, die Volks- und Landesverrat begangen hätten. Daraufhin distanzierten sich die „gemäßigten" Landesbischöfe „aus religiösen und vaterländischen Gründen" erneut von den „radikalen" Bruderräten und vertieften so die Spaltung der BK.[29]

Verhalten zur Judenverfolgung

Die BTE enthielt keine Aussagen zum Judentum, keinen Protest gegen die laufende Judenverfolgung in Deutschland, kein Nein zum Antisemitismus, keine Abkehr vom christlichen Antijudaismus und keine Verpflichtung zum Einsatz für die Menschenrechte bedrohter Minderheiten. All dies lag den mehrheitlich deutschnationalen BK-Delegierten fern.[30] Obwohl der drohende Ausschluss von Judenchristen aus der DEK den Kirchenkampf ausgelöst hatte, behandelte die BTE weder innerkirchliche Arierparagrafen noch die staatliche Judenpolitik: zum einen, weil es vorrangig die Gleichschaltungsversuche der DC abzuwehren galt, zum anderen, weil die allermeisten BK-Mitglieder den NS-Staat bejahten und jede kirchliche Einmischung in dessen Politik ablehnten.[31]

Barth hatte im Juni 1933 in seinem vielbeachteten Aufsatz *Theologische Existenz heute!* der theologischen Abwehr von Irrlehren Vorrang vor jeder direkten politischen Stellungnahme zum NS-Staat gegeben und betont: Nur die christliche Taufe entscheide über die Kirchenmitgliedschaft, nicht „Blut und Rasse". Diese zur Bedingung zu machen sei Häresie. Jede Diskriminierung oder der Ausschluss getaufter Juden aus der Kirche wäre gleichbedeutend mit deren Selbstaufgabe. Demgemäß verneinte seine Barmer Erklärung vom Januar 1934, „die Gliedschaft und die Befähigung zum Dienst in ihr [der Kirche] auf die Angehörigen einer bestimmten Rasse zu beschränken".

Das Betheler Bekenntnis vom August 1933 widmete der „Judenfrage" ein Kapitel und bezeichnete den antisemitischen Staat als neuen, versklavenden Pharao. Der Pfarrernotbund gründete sich im September 1933 gegen den „Arierparagrafen" der APU, erklärte diesen zum Status confessionis und verpflichtete seine Mitglieder zur praktischen Solidarität mit „Nichtariern" (getauften wie nichtgetauften Juden). Barth bejahte diese Grundsätze sofort, schrieb aber zugleich an Dietrich Bonhoeffer (11. September 1933): Vielleicht müsse sich die Irrlehre der DC „noch in anderen und schlimmeren Abweichungen und Verfälschungen Luft machen", so dass „der Zusammenstoß an einer noch zentraleren Stelle erfolgt". Bonhoeffers Freund Franz Hildebrandt, der als getaufter Sohn einer jüdischen Mutter vom APU-Ausschluss betroffen war, sah darin ein anderes Interesse.[32]

Doch Barth übersah die Judenverfolgung nicht. Gegen deutschnationale Theologen wie Siegfried Knak und Walter Künneth, die die „deutsche Revolution" als Aufruf Gottes (Kairos) deuteten, wandte er im November 1933 ein: Sie forderten damit eine Bejahung des NS-Staats und seines Totalitätsanspruchs. Jedoch stelle die aktuelle Lage der Kirche auch ganz andere Fragen: Was sage sie zu den Konzentrationslagern, zur Behandlung der Juden, zu allem, was im Namen der Eugenik unternommen werde? Gerade weil Gottes Gebot aktuell gelte, dürften Christen es nicht mit ihrem positiven Urteil über den NS-Staat verwechseln.[33] Barth glaubte aber, mit dem Ausschluss anderer Offenbarungsquellen (These I) den zentralen Punkt der DC-Irrlehren zu treffen und so auch die Judenchristen in der DEK am ehesten zu schützen. In seinem Rückblick auf die *Kirchliche Opposition 1933* betonte er, der Protest gegen die DC könne nicht erst beim Arierparagrafen und anderem einsetzen, sondern müsse sich gegen die Wurzel aller DC-Irrlehren richten: dass sie das deutsche Volkstum, seine Geschichte und Gegenwart „als eine zweite Offenbarungsquelle behaupten und sich so als die Gläubigen eines ‚anderen Gottes' zu erkennen geben". Barth begriff den Arierparagrafen als Folge dieses theologischen Grundschadens, der die ganze DEK gegenüber den DC-Attacken hilflos gemacht habe. Nur die strikte Absage an alle anderen Götter könne die DEK von jedem Anpassungszwang befreien und befähigen, Jesus Christus souverän gegen die DC- und NS-Ideologie zu bezeugen.

Im Dezember 1933 hielt Barth dazu eine vierteilige Predigt, die er an Hitler sandte:

1. Jesus Christus sei ein Jude gewesen, so dass Nichtjuden keinen „artgemäßen“, natürlichen Zugang zu diesem Gott hätten.
2. Gott habe die Juden erwählt und mit ihnen einen Bund geschlossen, nicht, weil sie bessere Menschen seien, sondern aus freier Gnade. Wer sich gegen die Juden erhebe, wehre sich also gegen Gottes freie Gnade.
3. Das Heil komme nach Joh 4,22 EU von den Juden, weil sie Jesus so behandelten, wie alle Völker es getan hätten, und Gott ihnen dennoch treu geblieben sei. So hätten Juden den Nichtjuden den Zugang zum gnädigen Gott eröffnet.
4. Darum sei Jesu Befehl an Juden und Nichtjuden unerbittlich: „Nehmt einander an.“ Ein Christ dürfe daher „die Missachtung und Misshandlung der Juden, die heute an der Tagesordnung ist, *einfach nicht mitmachen*“.

Die Predigt, die viele Barmer Delegierte kannten, entfaltete also das grundsätzliche Ja zum Judentum, das These I enthielt, ohne es auszusprechen.[34]

Bis Mai 1934 erhielt die Abwehr der „Gleichschaltung“ in der entstehenden BK jedoch Vorrang vor der Abwehr des Arierparagrafen. Im BK-Mitgliedsausweis entfiel die Selbstverpflichtung des Pfarrernotbunds, für „Nichtarier“ einzutreten.[35]

Nach seiner Ausweisung aus Deutschland (Juni 1935) schrieb Barth wiederholt, die BK habe „zwar einigermaßen ernst um die Freiheit und Reinheit ihrer Verkündigung gekämpft, aber sie hat zum

Beispiel zu dem Vorgehen gegen die Juden, zu der erstaunlichen Behandlung der politischen Gegner, zu der Unterdrückung in der Presse des neuen Deutschlands und zu so vielem anderen, zu dem die alttestamentlichen Propheten sicher geredet hätten, geschwiegen"; so auch zu den Machtmethoden des NS-Regimes, zur „fast totalen Unterdrückung des Rechts" und den KZs. Der Grund dafür sei der Glaube der meisten BK-Mitglieder an Hitler und fehlende objektive Informationen über NS-Unrecht. Sie benötigten daher Zeit, sich von der NS-Ideologie zu lösen. Die BK habe sich erst über ihre eigene Identität und Aufgabe klar werden müssen. Dies dürfe man nicht gering achten: Damit habe sie sich dem NS-Staat in einem Punkt entgegengestellt. Dies sei die einzige Opposition, auf die er in Deutschland bisher gestoßen sei. Jedoch hätte die BK mindestens zu den KZs und den Morden des 30. Juni 1934 (dem „Röhm-Putsch") Stellung nehmen müssen. Ihre Gefährdung bestehe nicht darin, „in der Politik zugrunde zu gehen, sondern in der Furcht, die notwendigen Konsequenzen politischer Art zu ziehen".[36]

Seit dem Judenboykott 1933 hatte die Judenchristin Elisabeth Schmitz führende Vertreter der werdenden BK gedrängt, für verfolgte Juden einzutreten und dies zur bekenntnismäßigen Pflicht evangelischer Gemeinden zu machen. So schlug sie Karl Barth im Februar 1934 ein „Sofortprogramm" für die BK vor: Pastoren müssten verfolgte Gemeindeglieder öffentlich in Schutz nehmen, katholische, evangelische und jüdische Christen müssten Kontakt zueinander aufnehmen, die Kirche müsse sich um die KZ-Häftlinge kümmern und allgemein Humanität anmahnen. Sie rief die BK immer wieder zu einem öffentlichen Wort gegen rassistische Ausgrenzung auf, die sie im eigenen Bekanntenkreis täglich miterlebte; jedoch vergeblich. Als eine der wenigen BK-Mitglieder kritisierte sie die verbreitete antijudaistische Fluchtheorie, die alle Juden einer Kollektivschuld an Jesu Kreuzestod bezichtigte, und sprach den Christen angesichts ihres Versagens gegenüber den verfolgten Juden jedes Recht zur Judenmission ab. Im Sommer 1935 verfasste sie die Denkschrift „Zur Lage der deutschen Nichtarier", die die nationalsozialistische Propaganda, die Judenverfolgung seit 1933 und das Schweigen der BK dazu eindringlich mit vielen Alltagsbeispielen beschrieb und vor einer kommenden Ausrottung der Juden warnte. Sie übermittelte die Denkschrift im September 1935, kurz vor dem Beschluss der Nürnberger Gesetze, an die dritte BK-Synode in Berlin-Steglitz. Diese behandelte das brisante Thema jedoch nicht.[37]

Nach der Bekenntnissynode in Bad Oeynhausen (Februar 1936) sandte die neue BK-Leitung eine Denkschrift an Hitler, die ihm für den Sieg über den „Bolschewismus" durch die „Revolution" von 1933 dankte, Übergriffe hoher NSDAP-Vertreter beklagte und Teilen der NS-Ideologie widersprach: Dort erhielten „Blut, Volkstum, Rasse und Ehre den Rang von Ewigkeitswerten". Das müsse der evangelische Christ wegen des ersten Gebots ablehnen. Gegen das Verherrlichen des „arischen Menschen" bezeuge Gottes Wort die Sündhaftigkeit aller Menschen. Gegen den Antisemitismus der NS-Weltanschauung, „der zum Judenhaß verpflichtet", stehe das Gebot der Nächstenliebe. Rechtsbruch, KZs und Gestapo-Willkür bestünden fort. Ein antichristlicher Geist drohe zu herrschen, das

Volk mache sich zum Maßstab aller Dinge, der Führer werde zunehmend vergöttert.[38] Die Vereidigung von Kindern in der Hitlerjugend zum Führergeburtstag sei „unerträglich“. Die Reichstagswahl im März 1936 sei manipuliert worden.

Nachdem ausländische Zeitungen die Denkschrift gegen den Willen der BK-Leitung veröffentlicht hatten, ließ Innenminister Wilhelm Frick hunderte BK-Pastoren verhaften. Daraufhin ließ die BK-Leitung eine Kanzelabkündigung in Millionenauflage drucken und am 23. August 1936 verlesen. Diese erwähnte Antisemitismus, Judenverfolgung, KZs, Gestapo und Führerkult nicht mehr, ermahnte aber alle Christen, „der Obrigkeit Gehorsam zu leisten, soweit sie nicht verlangt, was gegen Gottes Gebot ist“; Christen müssten „widerstehen, wenn von ihnen verlangt wird, was wider das Evangelium ist“. Da die allermeisten Deutschen die Führerdiktatur damals unterstützten und diese die BK-Pastoren an Leib und Leben bedrohte, gilt die Mahnung trotz der fehlenden Konkretion als relativ mutige Konsequenz der BTE.[39] Das NS-Regime ließ deswegen den Judenchristen Friedrich Weißler anklagen, er habe die Denkschrift ins Ausland lanciert. Obwohl man keine Beweise dafür hatte, wurde Weißler im KZ Sachsenhausen inhaftiert und dort am 19. Februar 1937 ermordet.[40]

Den Antisemitismus sprach die BK in der NS-Zeit nie öffentlich an.[41] Keine evangelische Kirchenleitung protestierte gegen die Novemberpogrome 1938. Nur einzelne Bischöfe schrieben (meist taktische und unterwürfige) Mahn- und Protestbriefe an staatliche Stellen, etwa 1940 gegen die „planmäßige Ausrottung der

Geisteskranken“ (Aktion T4) und 1943 gegen die „systematische Ermordung von Juden und Polen“ (den Holocaust). Mit Bezug auf die BTE forderte der „Münchner Laienbrief“ lutherischer Christen Ostern 1943, die BK müsse dem Staat „aufs Äußerste widerstehen“ bei dessen Versuch, „das Judentum zu vernichten“. Sie müsse den Staat an seine Aufgabe einer „gerechten Rechtsprechung“ und an „die Respektierung gewisser ‚Grundrechte‘ seiner Untertanen“ erinnern. Im Oktober 1943 mahnte die preußische Bekenntnissynode das NS-Regime, sein von Gott gegebenes Amt erlaube nicht das Vernichten von Menschen, nur weil diese mit Verbrechern verwandt, alt, geisteskrank oder von einer anderen Rasse seien. Worte wie „ausmerzen“, „liquidieren“ und „unwertes Leben“ kenne der biblische Staatsauftrag nicht.[42]

1967 bekannte Barth gegenüber dem Bonhoeffer-Biografen Eberhard Bethge, er empfinde es längst als persönliche Schuld, dass er 1934 nicht öffentlich für einen Text zum Thema Israel-Judentum gekämpft habe, obwohl dieser damals in Barmen nicht akzeptiert worden wäre. Bethge zufolge hätte schon die Formulierung *Der Jude Jesus und Christus der Heiden ist das eine Wort Gottes…* ein stärkeres Eintreten der BK für die verfolgten Juden bewirken können.[43]

Politischer Widerstand

Die Barmer Synode verstand die BTE nicht als Widerspruch oder gar Aufruf zum Widerstand gegen den Nationalsozialismus. Ihre Delegierten waren größtenteils Anhänger Hitlers und der mitregierenden DNVP oder anderer nationalistischer Parteien, einige auch der NSDAP.[44] Sie bejahten wie die später so genannte Konservative Revolution autoritäre Staatsmodelle, verehrten den noch amtierenden Reichspräsidenten Paul von Hindenburg und erwarteten, die ihm folgsame Reichswehr werde das Gewaltpotential der SA eindämmen und Hitler werde die evangelische Kirche gemäß seiner Zusagen im Frühjahr 1933 schützen. Das NS-Regime war noch auf den Rückhalt bei den bürgerlich-konservativen Eliten angewiesen.[45] Demgemäß betonte Asmussen im Begleitreferat, die BTE sei nur innerkirchlich, nicht als Protest gegen den NS-Staat gemeint: „Wenn wir protestieren, dann protestieren wir nicht als Volksglieder gegen die jüngste Geschichte des Volkes, nicht als Staatsbürger gegen den neuen Staat, nicht als Untertanen gegen die Obrigkeit, sondern wir erheben Protest gegen dieselbe Erscheinung, die seit mehr als 200 Jahren die Verwüstung der Kirche schon langsam vorbereitet hat."[46]

Dass die BTE zu den vorangegangenen Rechtsbrüchen, Massenmorden und Misshandlungen an Kommunisten, Sozialdemokraten und Juden schwieg, spiegelte die Zustimmung der evangelischen Kirchen dazu. So enthielt These V nur eine allgemeine, der antidemokratischen Mentalität der Delegierten gemäße Mahnung des Staates zu „Recht und Frieden". Gleichwohl proklamierten These I und II die Universalherrschaft Jesu Christi, der das ganze Leben der Christen auch im politischen Bereich beschlagnahme, und widersprachen damit der Ideologie und dem Totalitätsanspruch des NS-Regimes. Daraus folgerten einzelne BK-Christen ein christliches Widerstandsrecht gegen die Hitler-Diktatur. Vor allem Dietrich Bonhoeffer und Friedrich Justus Perels nahmen ab 1936 an verschwörerischen Aktivitäten dazu teil. Die BTE führte nicht zwingend und nicht kollektiv dazu, erleichterte und legitimierte aber Einzelnen diesen Schritt in den politischen Widerstand.[47]

---

5. Rezeption ab 1945:

Deutschland

Martin Niemöller beschrieb seine und die Schuld der Kirche später mit den Worten: „Wir haben uns noch nicht verpflichtet gefühlt, für Leute außerhalb der Kirche irgendetwas zu sagen… so weit waren wir noch nicht, dass wir uns für unser Volk verantwortlich wussten.“[48]

1976 fasste er das Geschehene in der Zeit des Nationalsozialismus so zusammen:

„Als die Nazis die Kommunisten holten, habe ich geschwiegen; ich war ja kein Kommunist.
Als sie die Sozialdemokraten einsperrten, habe ich geschwiegen; ich war ja kein Sozialdemokrat.
Als sie die Gewerkschafter holten, habe ich geschwiegen; ich war ja kein Gewerkschafter.
Als sie mich holten, gab es keinen mehr, der protestieren konnte.“[48]

6. Weiterführende Informationen:

Siehe auch

- Liste der Teilnehmer an der Barmer Bekenntnissynode
- Stuttgarter Schuldbekenntnis
- Darmstädter Wort

Quellen

- Günther van Norden (Hrsg.): *Wir verwerfen die falsche Lehre. Arbeits- und Lesebuch zur Barmer Theologischen Erklärung.* Jugenddienst-Verlag, Wuppertal-Barmen 1984, ISBN 3-7795-7388-1.
- Karl Immer (Hrsg.): *Bekenntnissynode der Deutschen Evangelischen Kirche Barmen 1934. Vorträge und Entschliessungen.* Kommissionsverlag Emil Müller, Wuppertal-Barmen 1934.

Literatur

- Magdalene L. Frettlöh, Frank Mathwig, Matthias Zeindler (Hrsg.): *‚Gottes kräftiger Anspruch‘: Die Barmer Theologische Erklärung als reformierter Schlüsseltext.* Theologischer Verlag, Zürich 2018, ISBN 3290177882
- Thomas Martin Schneider: *Wem gehört Barmen? Das Gründungsdokument der Bekennenden Kirche und seine Wirkungen.* Evangelische Verlagsanstalt, Leipzig 2017, ISBN 978-3-374-05034-5.

- Hanna Reichel: *Theologie als Bekenntnis: Karl Barths kontextuelle Lektüre des Heidelberger Katechismus.* Vandenhoeck & Ruprecht, Göttingen 2015, ISBN 9783525564462
- Günther van Norden: *Die Barmer Theologische Erklärung und ihr historischer Ort in der Widerstandsgeschichte.* In: Peter Steinbach, Johannes Tuchel, Ute Stiepani, Petra Behrens: *Widerstand gegen den Nationalsozialismus.* Stiftung Gedenkstätte Deutscher Widerstand, Berlin 2014, ISBN 3926082607, S. 170–181
- Petra Bahr, Martin Dutzmann, Heino Falcke, Johanna Haberer, Wolfgang Huber, Margot Käßmann, Michael Welker: *Begründete Freiheit. Die Aktualität der Barmer Theologischen Erklärung.* Neukirchener Verlag, Neukirchen-Vluyn 2009, ISBN 978-3-7887-2388-0.
- Martin Heimbucher, Rudolf Weth (Hrsg.): *Die Barmer Theologische Erklärung: Einführung und Dokumentation.* Siebte erweiterte Auflage, Neukirchener Verlag, Neukirchen-Vluyn 2009, ISBN 3788723696
- Hermann-Peter Eberlein: *Wi(e)der „Barmen". Eine Abrechnung aus Anlaß des siebzigsten Jahrestages der Verabschiedung der Barmer theologischen Erklärung.* In: Monatshefte für Evangelische Kirchengeschichte des Rheinlandes, Band 54, 2005, S. 315–329.
- Eberhard Busch: *Die Barmer Thesen. 1934–2004.* Vandenhoeck und Ruprecht, Göttingen 2004, ISBN 3-525-56332-9.
- Wolf-Dieter Hauschild: *Zur Erforschung der Barmer Theologischen Erklärung von 1934.* In: Wolf-Dieter Hauschild

(Hrsg.): *Konfliktgemeinschaft Kirche.* Vandenhoeck & Ruprecht, Göttingen 2004, ISBN 352555740X, S. 141–179

- Martin Honecker: *Die Barmer Theologische Erklärung und ihre Wirkungsgeschichte.* Springer VS, Wiesbaden 1995, ISBN 978-3-663-01792-9.
- Wilhelm Hüffmeier (Hrsg.): *Das eine Wort Gottes - Botschaft für alle. Barmen I und VI, Band 2. Votum des Theologischen Ausschusses der Evangelischen Kirche der Union.* Gütersloher Verlagshaus, Gütersloh 1993, ISBN 3579019678
- Hans-Ulrich Stephan (Hrsg.): *Das eine Wort für alle. Barmen 1934–1984. Eine Dokumentation.* Neukirchener Verlag, Neukirchen-Vluyn 1986, ISBN 3-7887-0784-4.
- Rolf Ahlers: *The Barmen Theological Declaration of 1934: The Archeology of a Confessional Text.* Edwin Mellen Press, Toronto 1986, ISBN 088946975X
- Wolf Krötke: *Bekennen, verkündigen, leben: Barmer Theologische Erklärung und Gemeindepraxis.* Calwer, 1986, ISBN 3766807390
- Carsten Nicolaisen: *Der Weg nach Barmen. Die Entstehungsgeschichte der Theologischen Erklärung von 1934.* Neukirchener Verlag, Neukirchen-Vluyn 1985, ISBN 3-7887-0743-7.
- Wilhelm Hüffmeier, Martin Stöhr (Hrsg.): *Barmer Theologische Erklärung 1934–1984: Geschichte – Wirkung – Defizite. Vorträge des Barmen-Symposiums in Arnoldshain, 9. – 11. April 1983.* Luther-Verlag, Bielefeld 1984, ISBN 3-7858-0287-0.

- Martin Rohkrämer (Hrsg.): *Karl Barth: Texte zur Barmer Theologischen Erklärung.* Theologischer Verlag, Zürich 1984 / 1992, ISBN 3290115496
- Ernst Wolf: *Barmen. Kirche zwischen Versuchung und Gnade.* 3. unveränderte Auflage, Christian Kaiser, München 1984, ISBN 3-459-01559-4.
- Manfred Karnetzki (Hrsg.): *Ein Ruf nach vorwärts. Eine Auslegung der Theologischen Erklärung von Barmen 30 Jahre darnach.* In: Theologische Existenz heute, Neue Folge Nr. 115, Christian Kaiser, München 1964.

Weblinks

Commons: Barmer Theologische Erklärung – Sammlung von Bildern, Videos und Audiodateien

- *Barmer Theologische Erklärung.* In: *ekd.de.*
- Christopher Ricke: *85 Jahre „Barmer Theologische Erklärung" – Bekennen und widerstehen.* (mp3-Audio, 35,2 MB, 38:33 Minuten) In: *Deutschlandfunk-Kultur-Sendung „Religionen".* 26. Mai 2019.
- *Barmen 2014.* Union Evangelischer Kirchen in der EKD (UEK)
- *Barmen 2009.* Union Evangelischer Kirchen in der EKD (UEK) (zum 75-jährigen Jubiläum mit Faksimile des Sonderdrucks der Barmer Zeitung).
- Eko Alberts u. a.; EKD, UEK, VELKD (Hrsg.): *75 Jahre Barmer Theologische Erklärung. Eine Arbeitshilfe zum 31. Mai 2009.* (pdf, 500 kB) In: *ekd.de.* 19. Januar 2009.

- Die Barmer Theologische Erklärung. In: *Online-Ausstellung „Widerstand!? Evangelische Christen und Christinnen im Nationalsozialismus".* (mit vielen Schrift- und Bildquellen).

Einzelnachweise

1. ↑ Ger van Roon: *Zeit- und kirchengeschichtlicher Kontext der Barmer Theologischen Erklärung.* In: Wilhelm Hüffmeier, Martin Stöhr (Hrsg.): *Barmer Theologische Erklärung 1934–1984: Geschichte – Wirkung – Defizite.* Bielefeld 1984, S. 33f.
2. ↑ Joachim Beckmann: *Der Weg zur Bekenntnissynode der Deutschen Evangelischen Kirche in Barmen 1934.* In: Martin Heimbucher, Rudolf Weth (Hrsg.): *Die Barmer Theologische Erklärung*, Neukirchen-Vluyn 2009, S. 12–22.
3. ↑ Georg Plasger, Matthias Freudenberg (Hrsg.): *Reformierte Bekenntnisschriften: eine Auswahl von den Anfängen bis zur Gegenwart.* Vandenhoeck & Ruprecht, Göttingen 2004, ISBN 3525567022, S. 230–238
4. ↑ Eberhard Busch: *Die Barmer Thesen. 1934–2004.* Göttingen 2004, S. 8
5. ↑ Carsten Nicolaisen: *Zur Entstehungsgeschichte der Barmer Theologischen Erklärung.* In: Martin Heimbucher, Rudolf Weth (Hrsg.): *Die Barmer Theologische Erklärung*, Neukirchen-Vluyn 2009, S. 23–29.
6. ↑ Martin Heimbucher, Rudolf Weth: *Die Beschlussfassung zur Theologischen Erklärung von Barmen.* In: Martin Heimbucher, Rudolf Weth (Hrsg.): *Die Barmer Theologische Erklärung*, Neukirchen-Vluyn 2009, S. 30–36.

7. ↑ Eberhard Busch: *Die Barmer Thesen 1934-2004*, Göttingen 2004, S. 27.
8. ↑ Karl Barth: *Kurze Erläuterung der Barmer Theologischen Erklärung.* In: Martin Rohkrämer (Hrsg.): *Karl Barth: Texte zur Barmer Theologischen Erklärung.* Zürich 1984, S. 9–24, hier S. 18f.
9. ↑ Eberhard Busch (Hrsg.): *Karl Barth: Briefe des Jahres 1933.* Theologischer Verlag, Zürich 2004, ISBN 3290173186, S. 608. Christiane Tietz: *Karl Barth: Ein Leben im Widerspruch.* Beck, München 2018, S. 221f.
10. ↑ Eberhard Busch: *Die Barmer Thesen 1934-2004*, Göttingen 2004, S. 29–31.
11. ↑ Eberhard Busch: *Die Barmer Thesen 1934-2004*, Göttingen 2004, S. 31–34.
12. ↑ Daniel Cornu: *Karl Barth und die Politik.* Aussaat Verlag, Wuppertal 1969, S. 29f.
13. ↑ Frank Jehle: *Barth und Brunner*, in: Michael Beintker: *Barth-Handbuch*, Tübingen 2016, S. 93.
14. ↑ Martin Heimbucher, Rudolf Weth: *Die Beschlussfassung zur Theologischen Erklärung von Barmen.* In: Heimbucher / Weth (Hrsg.): *Die Barmer Theologische Erklärung*, Neukirchen-Vluyn 2009, S. 37–39.
15. ↑ Christiane Tietz: *Karl Barth: Ein Leben im Widerspruch.* München 2018, S. 280.
16. ↑ Eberhard Busch: *Die Barmer Thesen. 1934–2004.* Göttingen 2004, S. 39–43.

17. ↑ Eberhard Busch: *Die Barmer Thesen. 1934–2004.* Göttingen 2004, S. 50–55.
18. ↑ Wolf-Dieter Hauschild: *Die Bekenntnissynode von Barmen.* In: Wolf-Dieter Hauschild (Hrsg.): *Konfliktgemeinschaft Kirche.* Göttingen 2004, S. 180–198, hier S. 197
19. ↑ Eberhard Busch: *Die Barmer Thesen 1934-2004*, Göttingen 2004, S. 60–62.
20. ↑ Eberhard Busch: *Die Barmer Thesen. 1934–2004.* Göttingen 2004, S. 62–68.
21. ↑ Eberhard Busch: *Die Barmer Thesen. 1934–2004.* Göttingen 2004, S. 72f.
22. ↑ Eberhard Busch: *Die Barmer Thesen 1934-2004*, Göttingen 2004, S. 70–76.
23. ↑ Christiane Tietz: *Karl Barth: Ein Leben im Widerspruch.* Beck, München 2018, S. 252–256.
24. ↑ Heinrich Rusterholz: *«… als ob unseres Nachbars Haus nicht in Flammen stünde»: Paul Vogt, Karl Barth und das Schweizerische Evangelische Hilfswerk für die Bekennende Kirche in Deutschland 1937-1947.* Theologischer Verlag, Zürich 2015, ISBN 3290177122, S. 670–677; Daniel Cornu: *Karl Barth und die Politik.* Wuppertal 1969, S. 39.
25. ↑ Christiane Tietz: *Karl Barth: Ein Leben im Widerspruch.* Beck, München 2018, S. 257–259.
26. ↑ Christiane Tietz: *Karl Barth: Ein Leben im Widerspruch.* München 2018, S. 259–271.
27. ↑ Günther van Norden: *Die Barmer Theologische Erklärung und ihr historischer Ort in der*

Widerstandsgeschichte. In: Steinbach/Tuchel, *Widerstand*, Bonn 1994, S. 176.

28. ↑ Christiane Tietz: *Karl Barth: Ein Leben im Widerspruch.* München 2018, S. 283–285.

29. ↑ Günther van Norden: *Die Barmer Theologische Erklärung und ihr historischer Ort in der Widerstandsgeschichte.* In: Steinbach/Tuchel, *Widerstand*, Bonn 1994, S. 177.

30. ↑ Eberhard Bethge: *Christologisches Bekenntnis und Antijudaismus - zum Defizit von Barmen I.* In: Wilhelm Hüffmeier, Martin Stöhr (Hrsg.): *Barmer Theologische Erklärung 1934–1984*, Bielefeld 1984, S. 51–55.

31. ↑ Wolf-Dieter Hauschild: *Die Bekenntnissynode von Barmen.* In: Wolf-Dieter Hauschild (Hrsg.): *Konfliktgemeinschaft Kirche.* Göttingen 2004, S. 197

32. ↑ Eberhard Bethge: *Christologisches Bekenntnis und Antijudaismus - zum Defizit von Barmen I.* In: Wilhelm Hüffmeier, Martin Stöhr (Hrsg.): *Barmer Theologische Erklärung 1934–1984*, Bielefeld 1984, S. 48–51.

33. ↑ Hans Prolingheuter: *Der Fall Karl Barth. Chronographie einer Vertreibung 1934–1935.* Neukirchener Verlag, Neukirchen-Vluyn 1984, S. 239.

34. ↑ Eberhard Busch: *Die Barmer Thesen. 1934–2004.* Göttingen 2004, S. 34f.

35. ↑ Eberhard Bethge: *Christologisches Bekenntnis und Antijudaismus - zum Defizit von Barmen I.* In: Wilhelm Hüffmeier, Martin Stöhr (Hrsg.): *Barmer Theologische Erklärung 1934–1984*, Bielefeld 1984, S. 51.

36. ↑ Daniel Cornu: *Karl Barth und die Politik.* Wuppertal 1969, S. 52–54.
37. ↑ Manfred Gailus, Clemens Vollnhals: *Mit Herz und Verstand - Protestantische Frauen im Widerstand gegen die NS-Rassenpolitik.* Vandenhoeck & Ruprecht, Göttingen 2013, ISBN 3847101730, S. 84–90
38. ↑ Manfred Gailus: *Friedrich Weißler: 'Ein Jurist und bekennender Christ im Widerstand gegen Hitler.* Vandenhoeck & Ruprecht, Göttingen 2017, ISBN 352530109X, S. 138–140
39. ↑ Martin Greschat: *Zwischen Widerspruch und Widerstand. Texte zur Denkschrift der Bekennenden Kirche an Hitler (1936).* Christian Kaiser, München 1987, ISBN 3459017082, S. 194 und Fn. 20.
40. ↑ Daniel Cornu: *Karl Barth und die Politik.* Wuppertal 1969, S. 46.
41. ↑ Eberhard Bethge: *Christologisches Bekenntnis und Antijudaismus - zum Defizit von Barmen I.* In: Wilhelm Hüffmeier, Martin Stöhr (Hrsg.): *Barmer Theologische Erklärung 1934–1984*, Bielefeld 1984, S. 52.
42. ↑ Günther van Norden: *Die Barmer Theologische Erklärung und ihr historischer Ort in der Widerstandsgeschichte.* In: Steinbach/Tuchel, *Widerstand*, Bonn 1994, S. 175–179.
43. ↑ Eberhard Bethge: *Christologisches Bekenntnis und Antijudaismus - zum Defizit von Barmen I.* In: Wilhelm Hüffmeier, Martin Stöhr (Hrsg.): *Barmer Theologische Erklärung 1934–1984*, Bielefeld 1984, S. 47 und 60.

44. ↑ Wolf-Dieter Hauschild: *Die Barmer Theologische Erklärung.* In: Wolf-Dieter Hauschild (Hrsg.): *Konfliktgemeinschaft Kirche.* Göttingen 2004, S. 141–296, hier S. 155

45. ↑ Günther van Norden: *Die Barmer Theologische Erklärung und ihr historischer Ort in der Widerstandsgeschichte.* In: Steinbach/Tuchel, *Widerstand,* Bonn 1994, S. 172.

46. ↑ Günther van Norden: *Zwischen Bekenntnis und Anpassung: Aufsätze zum Kirchenkampf in rheinischen Gemeinden, in Kirche und Gesellschaft.* Rheinland-Verlag, 1985, ISBN 3792708833, S. 108.

47. ↑ Günther van Norden: *Die Barmer Theologische Erklärung und ihr historischer Ort in der Widerstandsgeschichte.* In: Steinbach/Tuchel, *Widerstand,* Bonn 1994, S. 174 und 180f.

48. ↑ Zitiert nach: Martin Stöhr: *„... habe ich geschwiegen" – Zur Frage eines Antisemitismus bei Martin Niemöller.* In: *martin-niemoeller-stiftung.de,* 10. Oktober 2011. Abgerufen am 18. Juli 2017.

VII. Ausstellung[7]:

Reformation in der Gegenwart erleben können: Die Ausstellung lädt dazu ein, sich am historischen Ort der Barmer Theologischen Erklärung mit der Kernfrage auseinanderzusetzen: Welche Orientierung gibt der christliche Glaube für das Leben in der Gegenwart?

Die Barmer Theologische Erklärung setzte 1934 durch ihr zutiefst reformatorisches Denken Impulse für christliches Handeln im gesellschaftlichen Kontext. Ihrer Entstehungsgeschichte und ihrem Wirkungshorizont geht die Ausstellung nach.

Die Barmer Theologische Erklärung erfahrbar machen: Durch professionell entworfene Ausstellungsarchitektur mit interaktiven Elementen wird das historische Ereignis und seine Wirkung in Szene gesetzt. Die Besucher werden die neuzeitlichen Spuren der Reformation im 20. Jahrhundert entdecken und erfahren, wie dieser Impuls bis heute viele Christen in der Welt prägt.

Die Ausstellungsbereiche

1 Reformation

Der Weg zur Barmer Bekenntnissynode und ihrer Theologischen Erklärung beginnt mit der Reformation im 16. Jahrhundert. Die Grundthemen dieser Bewegung kehren in veränderter geschichtlicher Situation wieder. Sie prägen die evangelische Kirche bis heute: Das Wort Gottes als befreiendes Zentrum und Maßstab

[7] Vgl. https://www.barmen34.de/die-ausstellung.html

christlichen Glaubens und Lebens, die Kirche als Versammlung um das Evangelium und Gemeinschaft der an Christus Glaubenden, das Bekenntnis des Glaubens im Streit um die Wahrheit des Evangeliums und die Frage nach den Grenzen der Politik. Die Barmer Theologische Erklärung stellt sich bewusst in die Tradition der Reformation. Sie endet mit einem lateinischen Zitat, das 400 Jahre zuvor das Motto der evangelischen Bewegung war: Verbum dei manet in aeternum - Das Wort Gottes bleibt in Ewigkeit.

2 Kaiserreich, 1. Weltkrieg, Weimarer Republik

Im Kaiserreich und in der Weimarer Republik ist der deutsche Protestantismus vielgestaltig. Die evangelischen Christen verbindet jedoch eine überwiegend nationalkonservative Grundhaltung. Drei Bekenntnisse - lutherisch, uniert und reformiert - prägen die 28 evangelischen Landeskirchen. An ihrer Spitze stehen bis zum Ende des Kaiserreichs die Landesherren als oberste Bischöfe. In der Weimarer Republik übernehmen Landesbischöfe oder Kirchenpräsidenten die kirchenleitenden Funktionen. Verschiedene theologische Positionen bestimmen die Hochschullehre und die Haltung der Pfarrer. Die Protestanten Deutschlands teilen gemeinsame politische Grundüberzeugungen. Kaisertreue und Distanz zum demokratischen Staat kennzeichnen die vorherrschende Mentalität ebenso wie eine scharfe Ablehnung von Sozialdemokraten, Kommunisten und Katholiken. Eine religiös begründete Judenfeindschaft mit teils antisemitischen Zügen ist weit verbreitet.

3 Die Barmer Bekenntnissynode

Nach der Machtübernahme Adolf Hitlers im Januar 1933 formiert sich in Teilen des deutschen Protestantismus Widerstand gegen die Versuche der Nationalsozialisten, die evangelischen Kirchen mit dem Staat gleichzuschalten. Die Barmer Theologische Erklärung vom 31. Mai 1934 wird die theologische Basis der Bekennenden Kirche. Zu Beginn seiner Herrschaft umwirbt Hitler die Kirchen. Auf die erste Begeisterung folgen bald Ernüchterung und die Bildung einer kirchlichen Opposition. Im September 1933 gründet sich der Pfarrernotbund gegen die Einführung des Arierparagraphen in der Kirche. Er wird eine der Keimzellen der Bekennenden Kirche. Vom 29. bis 31. Mai 1934 kommen in Barmen-Gemarke 139 Delegierte aus fast allen Landeskirchen zur ersten Reichsbekenntnissynode zusammen. Trotz erheblicher konfessioneller Gegensätze verabschieden sie die Barmer Theologische Erklärung. Sie richtet sich gegen die Irrlehren der Deutschen Christen und beharrt auf der einzigen Grundlage der Kirche: Das Evangelium von Jesus Christus.

4 Kirchenkampf

Die Bekennende Kirche verteidigt die Unabhängigkeit der evangelischen Kirchen gegen die Zumutungen der nationalsozialistischen Kirchenpolitik. Nur wenige ihrer Mitglieder leisten jedoch Widerstand gegen politischen Terror und Unrecht der Diktatur. Die Bekennende Kirche bildet eigene Leitungsorgane und organisiert die Ausbildung ihrer Theologen. Sie weist Angriffe auf das Christentum zurück, bekräftigt die Bedeutung des Alten Testaments und bekämpft die geistige Verführung der Jugend. Viele Pfarrer und Laien der kirchlichen Opposition werden verfolgt, inhaftiert und misshandelt. Gegen die rassistische Ausgrenzung und Verfolgung der jüdischen Bevölkerung und anderer Gruppen erheben die Vertreter der Bekennenden Kirche nur selten oder zu spät das Wort. Beistand und auch „illegale" Hilfe für die Opfer bleiben die Sache einzelner engagierter Christen. Nur wenige verweigern den Kriegsdienst oder beteiligen sich an Versuchen, die Diktatur zu stürzen.

5 Nach 1945

Nach Krieg und schwierigem Neubeginn stellt sich die Evangelische Kirche im geteilten Deutschland ihrer politischen und gesellschaftlichen Verantwortung. Die Barmer Theologische Erklärung gibt Orientierung, ist aber auch für widersprüchliche Auslegungen offen. In der unmittelbaren Nachkriegszeit begegnet die Evangelische Kirche großen Herausforderungen. Sie bewältigt die innerkirchliche Neuorganisation und gesteht Schuld und Versagen im Nationalsozialismus. Die geforderte „Selbstreinigung" unterbleibt jedoch. In der Bundesrepublik Deutschland begleitet die Evangelische Kirche den Aufbau der Demokratie und beteiligt sich als Partner und kritisches Gegenüber an den politischen Auseinandersetzungen. Die evangelischen Christen in der DDR suchen ihren Weg zwischen Anpassung und Widerstand in der Diktatur und werden schließlich wichtige Akteure der Wende. Die Evangelische Kirche steht zur Mitschuld an der Shoa. Eine grundlegende Neubestimmung des Verhältnisses zwischen Christen und Juden beginnt jedoch erst spät.

6 In die Welt

Die Barmer Theologische Erklärung beeinflusst weltweit in vielen Kirchen der Ökumene eigenes Bekennen, Lehren und Widerstehen im politischen und wirtschaftlichen Handeln. 1982 wird in Südafrika auf der Generalsynode der farbigen Niederländisch-reformierten Missionskirche der erste Entwurf des Belhar-Bekenntnis geschrieben. Die Verfasser sehen sich in der Tradition von Barmen und erheben Apartheid, soziale Ungerechtigkeit, gesellschaftliche Spaltung und Diskriminierung auf biblischer Grundlage zur Bekenntnisfrage. Die Generalversammlung des Reformierten Weltbunds verabschiedet 2004 in Ghana das Bekenntnis von Accra. Es erinnert an den Kern des Glaubens angesichts der sozialen und ökologischen Ungerechtigkeit der gegenwärtigen Weltwirtschaftsordnung. Erstmals nimmt das Bekenntnis Bezug auf die Lebenswirklichkeit von Menschen in der ganzen globalisierten Welt.

7 Zur Verantwortung herausgefordert

Christinnen und Christen suchen Antworten auf die Herausforderungen der Gegenwart. Die widerständigen Impulse aus Barmen ermutigen sie, Gestalt und Verantwortung der Kirche neu zu denken. Das Wort Gottes bleibt Mitte und Maßstab. Am Ende der Ausstellung möchten wir Sie einladen, mit anderen Besuchern ins Gespräch zu kommen. Welche persönlichen Erinnerungen und Erfahrungen verbinden Sie mit der Barmer Theologischen Erklärung? Debattieren Sie auch über zentrale Probleme unserer Zeit und die Möglichkeiten verantwortlichen Handelns. Welche Zumutungen und Belastungsproben gibt es? Wofür sollten

Christinnen und Christen heute Verantwortung übernehmen? Wie kann der Glaube dabei Orientierung stiften?

Das Begleitbuch zur Ausstellung

Gelebte Reformation - Die Barmer Theologische Erklärung. Begleitpublikation zur Ausstellung.

Herausgegeben von Martin Engels und Antoinette Lepper-Binnewerg im Auftrag der Evangelischen Kirche im Rheinland.

Das Begleitbuch zur Dauerausstellung in der Gemarker Kirche in Wuppertal dokumentiert die Bedeutung der Barmer Thesen im historischen Kontext und ihre Rezeption.

Reich bebildert beleuchtet das Buch Vorgeschichte, Anlass und Einfluss der Barmer Erklärung auf das Handeln der Bekennenden Kirche. Prägnante Texte und Zitate beschreiben ihr Nachwirken in den beiden deutschen Staaten der Nachkriegszeit und der Ökumene. Kurzbiografien wichtiger Akteure, eine Darstellung der Ausstellungskonzeption und eine Zeittafel ergänzen das Textangebot.

Der Katalog ist vor Ort sowie im Buchhandel erhältlich.

VIII. Schriften:

Die Barmer Theologische Erklärung (1934)[8]

Vier Schriften haben sich als maßgebliche Pfeiler der evangelischen Kirche herauskristallisiert, die einen ständigen Platz im Gedächtnis der protestantischen Kirchenmenschen und Gläubigen haben. Sie sind Mahnung, Erinnerung, Anleitung und historische Dokumente. Auf sie kann jeder in der Kirche sich rückbesinnen, um die Frage zu beantworten: Wohinter kann meine Kirche nicht zurück?

Die Theologische Erklärung der Bekenntnissynode in Barmen vom 31. Mai 1934 ist die zentrale theologische Äußerung der Bekennenden Kirche unter der nationalsozialistischen Herrschaft 1933-1945. Sie richtete sich gegen die falsche Theologie und das Kirchenregime der so genannten "Deutschen Christen", die damit begonnen hatten, die evangelische Kirche der Diktatur des "Führers" anzugleichen.

Die Evangelische Kirche in Deutschland (EKD) bestätigt in Artikel 1 (3) ihrer Grundordnung mit ihren Gliedkirchen die von dieser Bekenntnissynode getroffenen Entscheidungen. Ganz überwiegend betrachten die Gliedkirchen der EKD die Barmer Theologische Erklärung als wegweisendes Lehr- und Glaubenszeugnis der Kirche. Nicht wenige messen ihr darüber hinaus verpflichtende Bedeutung bei, einige rechnen sie ausdrücklich zu ihren Bekenntnisgrundlagen.

---

8 Vgl. https://www.evangelisch.de/inhalte/113515/15-09-2012/Die%20Barmer%20Theologische%20Erkl%C3%A4rung%20%281934%29

Auch für zahlreiche Kirchen aus der evangelischen Ökumene wurde die Barmer Theologische Erklärung eine maßgebliche Orientierung für ihr eigenes Bekennen, Lehren und Widerstehen.

Zur Barmer Theologischen Erklärung gibt es eine gemeinsame Arbeitshilfe der Evangelischen Kirche Deutschlands (EKD), der Union Evangelischer Kirchen (UEK) und der Vereinigten Evangelisch-Lutherischen Kirche Deutschlands (VELKD), zu finden auf der Webseite der EKD.

PRÄAMBEL

Die Deutsche Evangelische Kirche ist nach den Eingangsworten ihrer Verfassung vom 11. Juli 1933 ein Bund der aus der Reformation erwachsenen, gleichberechtigt nebeneinander stehenden Bekenntniskirchen. Die theologische Voraussetzung der Vereinigung dieser Kirchen ist in Art. 1 und Art. 2,1 der von der Reichsregierung am 14. Juli 1933 anerkannten Verfassung der Deutschen Evangelischen Kirche angegeben:

Art. 1: Die unantastbare Grundlage der Deutschen Evangelischen Kirche ist das Evangelium von Jesus Christus, wie es uns in der Heiligen Schrift bezeugt und in den Bekenntnissen der Reformation neu ans Licht getreten ist. Hierdurch werden die Vollmachten, deren die Kirche für ihre Sendung bedarf, bestimmt und begrenzt.

Art. 2: Die Deutsche Evangelische Kirche gliedert sich in Kirchen (Landeskirchen).

Wir, die zur Bekenntnissynode der Deutschen Evangelischen Kirche vereinigten Vertreter lutherischer, reformierter und unierter Kirchen, freier Synoden, Kirchentage und Gemeindekreise erklären, dass wir gemeinsam auf dem Boden der Deutschen Evangelischen Kirche als eines Bundes der deutschen Bekenntniskirchen stehen. Uns fügt dabei zusammen das Bekenntnis zu dem einen Herrn der einen, heiligen, allgemeinen und apostolischen Kirche.

Wir erklären vor der Öffentlichkeit aller evangelischen Kirchen Deutschlands, dass die Gemeinsamkeit dieses Bekenntnisses und damit auch die Einheit der Deutschen Evangelischen Kirche aufs schwerste gefährdet ist. Sie ist bedroht durch die in dem ersten Jahr des Bestehens der Deutschen Evangelischen Kirche mehr und mehr sichtbar gewordene Lehr- und Handlungsweise der herrschenden Kirchenpartei der Deutschen Christen und des von ihr getragenen Kirchenregimentes. Diese Bedrohung besteht darin, dass die theologische Voraussetzung, in der die Deutsche Evangelische Kirche vereinigt ist, sowohl seitens der Führer und Sprecher der Deutschen Christen als auch seitens des Kirchenregimentes dauernd und grundsätzlich durch fremde Voraussetzungen durchkreuzt und unwirksam gemacht wird. Bei deren Geltung hört die Kirche nach allen bei uns in Kraft stehenden Bekenntnissen auf, Kirche zu sein. Bei deren Geltung wird also auch die Deutsche Evangelische Kirche als Bund der Bekenntniskirchen innerlich unmöglich.

Gemeinsam dürfen und müssen wir als Glieder lutherischer, reformierter und unierter Kirchen heute in dieser Sache reden.

Gerade weil wir unseren verschiedenen Bekenntnissen treu sein und bleiben wollen, dürfen wir nicht schweigen, da wir glauben, dass uns in einer Zeit gemeinsamer Not und Anfechtung ein gemeinsames Wort in den Mund gelegt ist. Wir befehlen es Gott, was dies für das Verhältnis der Bekenntniskirchen untereinander bedeuten mag.

Wir bekennen uns angesichts der die Kirche verwüstenden und damit auch die Einheit der Deutschen Evangelischen Kirche sprengenden Irrtümer der Deutschen Christen und der gegenwärtigen Reichskirchenregierung zu folgenden evangelischen Wahrheiten:

THESEN

I. *Jesus Christus spricht: Ich bin der Weg und die Wahrheit und das Leben; niemand kommt zum Vater denn durch mich. (Joh. 14, 6)*

Wahrlich, wahrlich, ich sage euch: Wer nicht zur Tür hineingeht in den Schafstall, sondern steigt anderswo hinein, der ist ein Dieb und Räuber. Ich bin die Tür; wenn jemand durch mich hineingeht, wird er selig werden. (Joh 10,1.9)

Jesus Christus, wie er uns in der Heiligen Schrift bezeugt wird, ist das eine Wort Gottes, das wir zu hören, dem wir im Leben und im Sterben zu vertrauen und zu gehorchen haben.

Wir verwerfen die falsche Lehre, als könne und müsse die Kirche als Quelle ihrer Verkündigung außer und neben diesem einen Worte

Gottes auch noch andere Ereignisse und Mächte, Gestalten und Wahrheiten als Gottes Offenbarung anerkennen.

II. *Durch Gott seid ihr in Christus Jesus, der uns von Gott gemacht ist zur Weisheit und zur Gerechtigkeit und zur Heiligung und zur Erlösung. (1. Kor 1,30)*

Wie Jesus Christus Gottes Zuspruch der Vergebung aller unserer Sünden ist, so und mit gleichem Ernst ist er auch Gottes kräftiger Anspruch auf unser ganzes Leben; durch ihn widerfährt uns frohe Befreiung aus den gottlosen Bindungen dieser Welt zu freiem, dankbarem Dienst an seinen Geschöpfen.

Wir verwerfen die falsche Lehre, als gebe es Bereiche unseres Lebens, in denen wir nicht Jesus Christus, sondern anderen Herren zu eigen wären, Bereiche, in denen wir nicht der Rechtfertigung und Heiligung durch ihn bedürften.

III. *Lasst uns aber wahrhaftig sein in der Liebe und wachsen in allen Stücken zu dem hin, der das Haupt ist, Christus, von dem aus der ganze Leib zusammengefügt ist. (Eph 4, 15. 16)*

Die christliche Kirche ist die Gemeinde von Brüdern, in der Jesus Christus in Wort und Sakrament durch den Heiligen Geist als der Herr gegenwärtig handelt. Sie hat mit ihrem Glauben wie mit ihrem Gehorsam, mit ihrer Botschaft wie mit ihrer Ordnung mitten in der Welt der Sünde als die Kirche der begnadigten Sünder zu bezeugen, dass sie allein sein Eigentum ist, allein von seinem Trost und von seiner Weisung in Erwartung seiner Erscheinung lebt und leben möchte.

Wir verwerfen die falsche Lehre, als dürfe die Kirche die Gestalt ihrer Botschaft und ihrer Ordnung ihrem Belieben oder dem Wechsel der jeweils herrschenden weltanschaulichen und politischen Überzeugungen überlassen.

IV. *Jesus Christus spricht: Ihr wisst, dass die Herrscher ihre Völker niederhalten und die Mächtigen ihnen Gewalt antun. So soll es nicht sein unter euch; sondern wer unter euch groß sein will, der sei euer Diener. (Mt 20, 25.26)*

Die verschiedenen Ämter in der Kirche begründen keine Herrschaft der einen über die anderen, sondern die Ausübung des der ganzen Gemeinde anvertrauten und befohlenen Dienstes.

Wir verwerfen die falsche Lehre, als könne und dürfe sich die Kirche abseits von diesem Dienst besondere, mit Herrschaftsbefugnissen ausgestattete Führer geben und geben lassen.

V. *Fürchtet Gott, ehrt den König. (1. Petr 2,17)*

Die Schrift sagt uns, dass der Staat nach göttlicher Anordnung die Aufgabe hat in der noch nicht erlösten Welt, in der auch die Kirche steht, nach dem Maß menschlicher Einsicht und menschlichen Vermögens unter Androhung und Ausübung von Gewalt für Recht und Frieden zu sorgen. Die Kirche erkennt in Dank und Ehrfurcht gegen Gott die Wohltat dieser seiner Anordnung an. Sie erinnert an Gottes Reich, an Gottes Gebot und Gerechtigkeit und damit an die Verantwortung der Regierenden und Regierten. Sie vertraut und gehorcht der Kraft des Wortes, durch das Gott alle Dinge trägt.

Wir verwerfen die falsche Lehre, als solle und könne der Staat über seinen besonderen Auftrag hinaus die einzige und totale Ordnung menschlichen Lebens werden und also auch die Bestimmung der Kirche erfüllen. Wir verwerfen die falsche Lehre, als solle und könne sich die Kirche über ihren besonderen Auftrag hinaus staatliche Art, staatliche Aufgaben und staatliche Würde aneignen und damit selbst zu einem Organ des Staates werden.

VI. *Jesus Christus spricht: Siehe, ich bin bei euch alle Tage bis an der Welt Ende. (Mt 28,20) Gottes Wort ist nicht gebunden. (2. Tim 2,9)*

Der Auftrag der Kirche, in welchem ihre Freiheit gründet, besteht darin, an Christi Statt und also im Dienst seines eigenen Wortes und Werkes durch Predigt und Sakrament die Botschaft von der freien Gnade Gottes auszurichten an alles Volk. Wir verwerfen die falsche Lehre, als könne die Kirche in menschlicher Selbstherrlichkeit das Wort und Werk des Herrn in den Dienst irgendwelcher eigenmächtig gewählter Wünsche, Zwecke und Pläne stellen.

Die Bekenntnissynode der Deutschen Evangelischen Kirche erklärt, dass sie in der Anerkennung dieser Wahrheiten und in der Verwerfung dieser Irrtümer die unumgängliche theologische Grundlage der Deutschen Evangelischen Kirche als eines Bundes der Bekenntniskirchen sieht. Sie fordert alle, die sich ihrer Erklärung anschließen können, auf, bei ihren kirchenpolitischen Entscheidungen dieser theologischen Erkenntnisse eingedenk zu sein. Sie bittet alle, die es angeht, in die Einheit des Glaubens, der Liebe und der Hoffnung zurückzukehren.

Verbum dei manet in aeternum.

IX. Dokument:

Barmer Theologische Erklärung[9]

Die Barmer Theologische Erklärung ist ein Dokument des Kirchenkampfes im nationalsozialistischen Deutschland. Als Beschluss der ersten Bekenntnissynode der Deutschen Evangelischen Kirche (DEK) in Barmen (1934) betont sie gegenüber den Anschauungen u.a. der Deutschen Christen die Ausschließlichkeit der Christus-Offenbarung und der Christus-Herrschaft.

Angriff auf das herrschende Kirchenregiment

Die „Theologische Erklärung zur gegenwärtigen Lage der Deutschen Evangelischen Kirche" ist von Karl Barth, Hans Christian Asmussen und Th. Breit konzipiert worden. Ihr theologischer Vater ist Karl Barth. Auf der ersten Bekenntnissynode der DEK in der reformierten Kirche Barmen-Gemarke nahmen 139 Delegierte aus 25 Landes- und Provinzialkirchen die Erklärung am 31. Mai 1934 einmütig an. Die Erklärung stärkte den Mut der Synode, dem herrschenden Kirchenregiment seine Legitimität abzusprechen und sich als die einzige legale Vertretung der DEK und damit als Kirche zu verstehen. Die Bekennende Kirche, die sich auf dieser Synode formierte, erhielt so ihr geistiges Widerstandszentrum. Die Barmer Theologische Erklärung richtete sich gegen die Bedrohung der theologischen Grundlage der DEK durch die Deutschen Christen, eine Glaubensbewegung unter dem

[9] Vgl. http://www.reformiert-online.net/lexikon/detail.php?id=14

unmittelbaren Einfluss der NSDAP. Die Deutschen Christen hatten seit 1933 – unterstützt von der Gleichschaltungspolitik des nationalsozialistischen Staates – erhebliche Macht in den Kirchen errungen und überschwemmten sie nun mit ihren Lehren von einem „artgemäßen Christusglauben und von den göttlichen „Lebensordnungen“ in „Rasse, Volkstum und Nation“. Diese Lehren waren den nationalsozialistischen Ideologien verpflichtet. Nach der Barmer Theologischen Erklärung hört bei Geltung dieser Lehren die Kirche auf, Kirche zu sein. Mit dieser Abgrenzung wehrt sich die Erklärung zugleich gegen weit über die Deutsche Christen hinausreichende Kreise der Kirche, die mit diesen Lehren sympathisieren. So symbolisiert die Erklärung die Selbstreinigung einer im innersten angefochtenen oder unsicheren Kirche.

Die sechs Thesen

Die Barmer Theologische Erklärung enthält sechs Thesen, die jeweils aus Bibelwort, Bekenntnis- und Verwerfungssatz bestehen. Nach These 1 schließt Jesus Christus als das „eine Wort Gottes“ andere „Ereignisse und Mächte, Gestalten und Wahrheiten als Gottes Offenbarung“ aus, der die Kirche folgen darf. Die den Deutschen Christen als Norm geltenden „Lebensordnungen“ sind damit abgelehnt.

Nach These 2 hat dieses eine Wort zwei Aspekte: Es ist einerseits Gottes vergebender Zuspruch und andererseits sein Anspruch „auf unser ganzes Leben“. Das bedeutet, dass ein Christ in seiner öffentlichen Verantwortung nicht unter dem Gebot einer christusfremden Eigengesetzlichkeit stehen darf.

Die Thesen 3, 4 und 6 folgern daraus für die Kirche, dass sie nicht unter zwei, sondern unter ihrem einen Herrn steht. Deshalb muss sie ihre Botschaft und Ordnung allein von ihm und nicht von „herrschenden weltanschaulichen und politischen Überzeugungen" bestimmen lassen. Kirche ist „Gemeinschaft von Brüdern", ihre Ämter sind Dienste, ihre Botschaft an das Volk ist Gottes freie Gnade, sagt die Erklärung.

Nach These 5 darf der Staat nicht die „totale Ordnung des Lebens" sein, der man blind zu gehorchen hat. Der Staat ist begründet und begrenzt durch Gottes „Anordnung für Recht und Frieden zu sorgen." Die Kirche ist eindeutig nicht Organ des Staates, hat aber ihm gegenüber an Gottes Reich, Gebote und Gerechtigkeit zu erinnern und damit an „die Verantwortung der Regierenden und Regierten" zu appellieren.

In der Barmer Theologischen Erklärung fehlt ein Wort zur Judenfrage, was aber für die damaligen Bekenner nicht akzeptabel gewesen wäre.

Drei Fragen resultieren aus der Erklärung

Die Barmer Theologische Erklärung warf in der Folge drei Fragen auf:

1. Begründet das gemeinsame Wort lutherischer, reformierter und unierter Kirchen eine Kirchen-Union?

Die Erklärung will weder durch das gemeinsame Bekennen die verschiedenen Konfessionen noch durch die verschiedenen Konfessionen das gemeinsame Bekennen ausschließen. Lutherische Vertreter betonen das erstere. Sie wünschen sich jedoch eine geeinte deutsche evangelische Kirche über das gemeinsame aktuelle Bekennen hinaus

2. Ist die Barmer Theologische Erklärung ein Bekenntnis? Manche lutherische Vertreter und später auch lutherische Kirchen verneinten das zum Teil, weil die Erklärung sich ihrer Ansicht nach nicht gegen eine Irrlehre, sondern gegen eine politische Bedrohung der Kirche richtete. Obwohl sie nur Erklärung heißt, beansprucht aber die Barmer Theologische Erklärung dennoch faktisch, wie die altkirchlichen und reformatorischen Bekenntnisse eine „auf Grund des Lehrganzen getroffene Entscheidung der Kirche" zu sein, die gegenüber fundamentalem Irrtum die Norm ihrer Verkündigung für die Kirche verbindlich erkennt.

3.War sie ein politisches Wort? Nicht direkt, da sie sich theologisch begründet gegen eine politische Theologie und sich gegen die Vermischung von nationalsozialistischer Ideologie und Glaube wandte. Indirekt war sie dennoch ein Politikum, was ihre Gegner klarer sahen, als die Bekenner selbst. Denn die Erklärung brach mit der Linie bisherigen Bekennens, auf der man die Abwehr staatlicher Eingriffe in die Kirche mit einem Ja zum faschistischen Staat verbinden konnte. Denn sie nannte ein Kriterium für den rechten Staat und wies zugleich auf die Aufgabe der Kirche hin, an dieses Kriterium zu erinnern

Widerspruch gegen die Erklärung

Widerspruch erhielt die Barmer Theologische Erklärung zum

Beispiel im Ansbacher Ratschlag, der von Lutheranern um W. Elert am 11. Juni 1934 veröffentlicht wurde. Die Deutschen Christen meinten, sich dem anschließen zu können. Der Ansbacher Ratschlag stellt in acht Thesen dem einen Wort Gottes zwei gegenüber: Gesetz und Evangelium. Der Ratschlag verpflichtet Christen zu gehorsamer Einfügung in Stände und Ordnungen, d.h. in Volk und Rasse. Aufgrund dieser Argumentation bejaht der Ratschlag im Gegensatz zur Erklärung den nationalsozialistischen Staat theologisch, ohne sich der Ideologie der „Deutschen Christen" zu nähern.

Rezeption nach dem Zweiten Weltkrieg

Nach dem Krieg bejahten die Grundordnungen der Evangelischen Kirche in Deutschland (EKD), des Reformierten Bundes und der Kirchen der DDR die Barmer Theologische Erklärung. Die Vereinigte Evangelisch-lutherische Kirche Deutschlands(VELKD) bezog sich nur auf die Verwerfungssätze. Die Evangelische Kirche der Union (EKU), die Landeskirchen in Hessen und Baden nahmen sie ins Ordinationsgelübde auf. Die Hervormde Kerk Hollands und die United Presbyterian Church zählen sie zu ihren Traditionen. Sie wirkte auch auf die Südindische Kirchenunion (Church of South India), den kirchlichen Kampf gegen den Rassismus (Antirassismusprogramm) in Afrika sowie auf die lateinamerikanische Befreiungstheologie ein.

X. Leitlinie:

Barmer Theologische Erklärung[10]

Leitlinie christlichen Handels auch heute noch aktuell: die Barmer Theologische Erklärung.

Die Barmer Theologische Erklärung fällt in die Zeit des Nationalsozialismus und sollte als anti-deutschchristliche Abwehrbewegung in der Kirche verstanden werden.

Im Mai 1934 gründete sich die Bekennende Kirche (BK) in Deutschland, eine Oppositionsbewegung evangelischer Christen, die gegen Versuche der Gleichschaltung von Lehre und Organisation der Deutschen Evangelischen Kirche während der Zeit des Nationalsozialismus protestierten.

Gut ein Jahr nachdem Adolf Hitler zum Reichskanzler ernannt worden war, verabschiedete die Bekennende Kirche zwischen 29. und 31. Mai 1934 in Wuppertal-Barmen die „Barmer Theologische Erklärung“ als Protest-Dokument gegen die allzu deutsche christliche Ideologie.

Christliche Botschaft sollte "dienstbar" gemacht werden

Denn die politischen Verhältnisse in Deutschland während des so genannten Dritten Reichs (1933-1945) waren bekanntermaßen auf die Machtausübung einer einzigen Partei ausgerichtet. Alle Strukturen und Kräfte des Staates sollten dem Diktat der NSDAP

---

10 Vgl. https://www.bayern-evangelisch.de/was-uns-traegt/barmer-theologische-erklaerung.php

unterworfen werden. Deshalb gab es starke Bestrebungen, auch die verfassten Kirchen "gleichzuschalten".

Über die Bewegung der "Deutschen Christen" und die Besetzung einflussreicher kirchlicher Ämter durch Parteimitglieder sollten die christliche Botschaft und die kirchlichen Organisationen der nationalsozialistischen Ideologie dienstbar gemacht werden. Durch entsprechende Gesetze und Staatskirchenverträge sollte die Eigenständigkeit der einzelnen Kirchen geschwächt werden.

Klares Profil für die Bekennende Kirche

In der Bekennenden Kirche sammelten sich die Widerstandskräfte der verschiedenen protestantischen Kirchen gegen diese Entwicklung. Der Reichsbruderrat, eine evangelische, kirchenübergreifende Gruppe verantwortlicher Persönlichkeiten, berief deshalb für die Deutsche Evangelische Kirche vom 29. bis 31. Mai 1934 eine Bekenntnissynode nach Barmen-Gemarke ein.

Diese Versammlung sollte die Erhaltung der rechtmäßigen Strukturen der Deutschen Evangelischen Kirche sichern und der Bekennenden Kirche durch die Verabschiedung einer Theologischen Erklärung gegenüber den Deutschen Christen und der gleichgeschalteten Reichskirche ein klares Profil geben.

Staatliche Vereinnahmung zurückgewiesen

Die Beratungen im Vorfeld und während der Synodaltagung waren besonders dadurch erschwert, dass in Barmen Vertreter unterschiedlicher protestantischer Kirchen und Traditionen zusammenkamen, die nach 400 jähriger Trennung zu einer gemeinsamen Sprache und Erklärung finden mussten. Schließlich wurde der Entwurf, den Karl Barth, Hans Asmussen und Thomas Breit vorgelegt hatten, in veränderter Fassung von der Bekenntnissynode angenommen.

In Schriftzitaten und eindrücklichen, klaren Formulierungen wird das Wesen der Kirche und ihres Auftrages entfaltet und die staatliche Vereinnahmung der Kirche zurückgewiesen.

Historisches Dokument einer mutigen Gegenbewegung

Die Barmer Theologische Erklärung ist eines der wenigen Zeugnisse des kirchlichen Widerstandes im Dritten Reich. Als kirchliches Lehrzeugnis, zum Teil auch als Bekenntnisschrift, hat sie in den lutherischen, reformierten und unierten Landeskirchen unterschiedlich große Bedeutung.

Die Barmer Theologische Erklärung ist nicht nur das historische Dokument einer mutigen Gegenbewegung, sondern entwirft eine Leitlinie christlichen Handelns, die auch heute noch aktuell ist.

Printed by Books on Demand GmbH, Norderstedt / Germany